THE HISTORY 세계사 인물 3

베토벤

THE HISTORY 세계사 인물 3
베토벤
펴낸날 2024년 9월 20일 1판 1쇄
펴낸이 강진균
글 이주훈
그림 우혜영
편집·디자인 편집부
마케팅 영업부
제작 강현배
펴낸곳 삼성당
주소 서울시 강남구 선릉로 747 삼성당빌딩 9층
대표 전화 (02)3443-2681 **팩스** (02)3443-2683
출판등록 1968년 10월 1일 제2-187호
ISBN 978-89-14-02181-6 (73990)

본 저작물은 저작권법에 따라 보호를 받는 책이므로 무단 전재와 무단 복제를 금합니다.
※ 파본은 바꾸어 드립니다.

THE HISTORY 세계사 인물 3

베토벤

차례

어린 음악가의 탄생 ················ 11

작곡하는 소년 ···················· 33

모차르트와 만나다 ················ 53

불멸의 연인 ······················ 78

괴테와의 인연 ………………………………… 103

베토벤의 생애………………………………… 122

루트비히 판 베토벤 …………………………… 123

어린 음악가의 탄생

1770년 12월 17일.

루트비히 판 베토벤은 독일 라인강변의 고풍스러운 도시인 본에서 태어났다.

그의 이름은 할아버지의 이름을 따서 지은 것이었다.

할아버지는 궁정 악단의 악장이었으며, 뛰어난 음악적 재능과 자상한 심성을 가지고 있어 본의 시민들로부터 존경받는 훌륭한 음악가였다.

아버지인 요한 판 베토벤도 음악에 재능이 있어 일찍이

궁정 악사가 되었다. 그리고 스물네 살 때에는 테너 가수가 되었다.

그러나 아버지는 할아버지와는 달리 술주정뱅이에다가 술에 취하면 가족들을 괴롭히기가 일쑤였고, 급료를 받기가 무섭게 술을 마셔 다 써 버리곤 했다. 그래서 베토벤의 집안 형편은 항상 쪼들렸다.

어린 베토벤의 집은 늦은 밤만 되면 동네 사람들이 찾아오곤 했다. 그들은 각자의 악기들을 가지고 와서 밤이 깊을 때까지 연주를 하며 즐거워했다.

이러한 가정 환경 덕분에 베토벤은 항상 음악 속에 묻혀 자랄 수 있었다.

베토벤은 늘 술에 취해 있는 난폭한 아버지보다는 항상 따뜻하게 대해 주는 할아버지를 더 잘 따랐다.

할아버지는 그를 무릎에 앉혀 놓고 자신의 어린 시절 이야기를 재미있게 들려주곤 하였다. 그리고 그는 소년 합창단원 시절 때에 배웠던 노래들을 가르쳐 주었다.

베토벤은 이렇게 배운 노래들을 할아버지와 함께 부를

때면 더없이 행복했다.

그러나 그것도 잠시뿐, 할아버지는 어린 베토벤과 식구들을 남겨 둔 채 먼저 세상을 떠나고 말았다.

베토벤은 할아버지를 그리워하며 하루하루를 외롭게 지냈다. 그러던 어느 날이었다.

베토벤은 아버지의 피아노 연주 소리에 귀를 기울이고 있었다. 아버지의 연주가 끝나자 베토벤은 피아노 앞으로 다가갔다. 발돋움을 한 채 방금 들었던 연주의 멜로디를 그대로 쳐 보았다.

네 살의 베토벤은 고사리 같은 손으로 조심스럽게 건반을 눌렀다.

"오! 방금 들은 멜로디를 정확히 치다니 정말 기막힌 재능이야. 루트비히야! 방금 쳤던 곡을 다시 한번 쳐 볼래?"

"네, 아버지."

"우리 집안에도 드디어 전재가 나왔구니. 루트비히, 넌 천재다. 너도 열심히 하면 천재 소년 모차르트처럼 훌륭한 연주를 할 수 있겠다."

그 당시 사람들 사이에는 '소년 피아니스트 모차르트'라는 이름이 크게 명성을 떨치고 있었다.

'뭐라고! 그렇게 어린 사내아이가 누나와 함께 독일, 오스트리아, 이탈리아, 프랑스 등지를 순회하면서 음악회를 열어 많은 돈을 벌고 있다고! 원 참! 어른들도 못하는 일을 하다니……. 좋아, 나도 한번 해 보자!'

아버지는 베토벤을 음악의 천재로 만들고 싶었다. 그래서 세상 사람들에게 명성을 얻게 되면, 많은 돈을 벌 수 있다는 생각을 하였다.

이런 욕심에 사로잡힌 아버지는 네 살밖에 되지 않은 베토벤에게 본격적으로 음악 공부를 시키기 시작했다.

마음씨 좋은 할아버지로부터 음악에 관한 이야기를 많이 들어왔던 베토벤도 매우 기뻐하며 피아노를 열심히 배웠다.

그러나 아버지는 베토벤을 몇 시간이고 방에 가두어 놓은 채 고된 연습을 시켰다.

베토벤은 피아노를 배우는 속도가 매우 빨랐다. 그러나 그는 쉴 새 없이 계속되는 연습에 싫증을 느끼고 있었다.

그러던 어느 날 밤, 아버지 요한은 술에 취해 낯선 손님을 데리고 돌아왔다.

"루트비히를 데리고 와, 어서!"

요한은 집에 들어서자마자 고래고래 소리를 질렀다.

"자, 연습을 시작하자, 루트비히!"

아버지 요한은 잠들어 있는 베토벤을 깨워 억지로 연습을 시키려고 했다.

"여보, 오늘은 너무 늦었어요. 루트비히는 하루 종일 피아노 연습을 하고 지금 막 잠이 들었어요. 그러니 오늘은 편히 잘 수 있게 내버려두세요. 제발……."

어머니 마리아가 애원하듯 사정을 해 보았지만, 술에 취한 아버지는 막무가내였다.

"빨리 데리고 오라니까! 당신, 이분이 누군 줄 알기나 해? 바로 그로스만 극단 가수 토비아스 파이퍼 선생님이란 말이야. 특별히 여기까지 오셔서 루트비히의 연주를 들어주시기로 했는데, 밤이 늦은 게 무슨 상관이야?"

아버지는 큰 소리로 말했다.

어머니 마리아도 파이퍼에 대해서는 잘 알고 있었다. 그는 재능 있는 가수였지만, 요한처럼 술주정뱅이에다가 한 곳에 오래 붙어 있지 못하는 떠돌이였다.

그러나 남편의 성격을 잘 아는 마리아였기 때문에 할 수 없이 잠들어 있는 베토벤을 깨워서 남편 요한 앞으로 데려왔다.

"루트비히, 인사드려라. 파이퍼 선생님이시다."

베토벤은 아직 잠이 덜 깬 듯 눈을 비비면서 하품을 하였다.

"자, 루트비히 어서 정신을 차리고 피아노를 쳐 봐! 어서!"

아버지의 명령에 베토벤은 아무런 반항도 하지 못한 채, 하루 종일 지친 몸을 이끌고 다시 피아노 앞에 앉았다. 이윽고 베토벤의 작은 손이 건반 위로 미끄러지자 어린 소년의 솜씨라고는 도저히 믿을 수 없을 만큼 아름다운 선율이 흘러나왔다.

"정말 놀라운 솜씨야."

"어때? 파이퍼! 내 말이 틀리지 않았지? 이 정도의 솜씨라면 많은 돈을 벌 수 있지 않겠어?"

"그래. 그만하면 여러 곳에 연주 여행을 다녀도 크게 성공할 수 있겠는걸?"

"흐흑……."

"울지 마라. 루트비히야. 선생님께서 네 솜씨가 매우 훌륭하다고 칭찬을 해 주셨단다. 이제 가서 자도록 해라."

어머니는 우는 베토벤을 달랬다. 마리아는 한참 뒤에 베토벤의 잠든 얼굴을 확인하고 돌아와 보니, 그때까지도 요한과 파이퍼는 술잔을 부딪히면서 축배를 들고 있었다.

"축배를 듭시다. 우리 천재 음악가를 위해서!"

"그리고 편안하고 안락한 생활을 위해서, 하하하하……!"

이런 광경을 지켜본 어머니의 눈에는 눈물이 맺히기 시작했다.

베토벤은 일곱 살이 되자 학교에 들어갔다. 학교에선 라틴어*의 읽고 쓰기와 간단한 덧셈, 뺄셈을 가르쳐 주었다.

그는 길고 지루했던 수업 시간이 끝나기가 무섭게 친구

들과 어울려 다니며 노는 것을 좋아했다. 닭장에서 달걀을 훔쳐 먹거나 돌아다니는 닭을 산 채로 잡아 구워 먹어 버릴 만큼 심한 개구쟁이였다.

한편, 집안은 아버지의 수입이 너무 적어서 생활이 몹시 어려워졌고, 아버지의 술버릇은 날로 거칠어져 갔다.

그런 어려운 생활 속에서도 베토벤은 전보다 훨씬 오랜 시간을 연습에 매달려야만 했다.

어느 날, 아버지는 돈을 벌기 위한 목적으로 일곱 살의 베토벤에게 연주회를 열도록 강요했다.

그래서 난생처음 연주회를 열게 되었다.

베토벤은 연주회장의 입구에 붙은 포스터를 보고 말했다.

"아버지, 제 나이는 일곱 살인데 포스터에는 여섯 살로

라틴어

고대 로마 제국의 언어. 인도 유럽 어족에 딸린 말로서 본디 라틴족이 쓰던 말이다. 유럽 세계의 고전어로서 고대 로마의 문화와 종교 발전에 중요한 구실을 하였다. 오늘날 가톨릭교회에서는 공용어로 쓰기도 하나 일반적으로는 쓰이지 않는다.

고대 로마 제국의 심장부였던 원로원

씌어있어요. 인쇄가 잘못되었나 봐요!"

아버지는 허둥지둥 베토벤의 입을 막았다. 그러고는 작은 목소리로 이렇게 말하는 것이었다.

"여섯 살이라면 어때! 그건 일부터 그렇게 쓴 거야. 그래야 사람들이 더 많이 몰려들 것 아니냐!"

"그런 거짓말로 손님을 속이는 것은 나쁜 일이에요."

이렇게 말하려고 하였지만, 베토벤은 입이 막혀 아무 말도 할 수 없었다.

"한 살이라도 나이가 적다고 해야지 사람들이 깜짝 놀라서 관심을 갖는단 말이야."

아버지 요한은 이렇게 말하고 나서, '에헴' 하고 헛기침을 하며 빙그레 웃었다.

베토벤은 그런 모습의 아버지를 보고 있으려니까 슬픈 감정이 생겨 기분이 우울해졌다.

그렇다고 연주회를 포기할 수도 없었다. 연주회는 예정대로 막이 올랐다. 무대에 올라간 베토벤은 객석을 향해 인사를 하고 피아노를 연주하기 시작했다.

베토벤은 피아노를 치고 있는 동안 모든 시름이 사라지고, 오직 아름다운 라인강의 잔잔한 물결이 머리에 떠오르고 부드러운 피아노 소리만이 들릴 뿐이었다.

"정말 훌륭한 연주였어."

"저 아이가 여섯 살이라니, 믿어지지가 않아."

"모차르트에 버금가는 천재 소년이야."

"대성공이야!"

"수고했다, 루트비히! 오늘 연주는 계획대로 대성공이야."

아버지는 연주회에서 번 돈을 다 챙겨 술집으로 향했다.

"자축하는 뜻에서 우선 한잔 해야겠다."

베토벤이 짐작했던 대로 술을 마시기 시작한 아버지는 좀처럼 자리를 뜨려고 하지 않았다.

'정말 힘들게 번 돈인데 아버지는 또 술을 마셔 없애 버리시는구나.'

이렇게 생각하니까 쪼들리는 집안 살림에 고생하는 어머니와 동생들이 가엾어서 견딜 수가 없었다.

그러던 어느 날, 베토벤에게도 궁정에서 연주할 수 있는

기회가 주어졌다.

베토벤은 초록색 고급 연미복으로 화려하게 차려입었다. 어머니는 그런 아들의 모습을 자랑스러운 듯 바라보았다.

"루트비히, 잘 다녀오너라. 네가 연주를 멋지게 하면 너에게도, 우리 집안에도 명예스러운 일이 분명히 있을 게다."

베토벤은 어머니와 동생들의 배웅을 받으며 아버지와 함께 집을 나서 궁정을 향해 걷기 시작했다.

궁정에 도착한 베토벤은 넓은 홀로 안내되었다. 그리고 연주를 하기 위해 조용해질 때까지 기다려야만 했다. 베토벤은 홀 안이 조용해지자 사람들에게 정중히 인사를 올렸다.

그리고 의자에 앉아 피아노를 연주하기 시작했다. 그의 힘차고 아름다운 연주에 사람들은 점점 넋을 잃어 갔다.

연주가 끝나자, 사람들은 일제히 박수를 치며 감탄하기 시작했다.

"정말 대단한 연주였어."

"저 어린 소년의 이름이 뭐지?"

"루트비히 판 베토벤이래요."

"루트비히야, 내 아들이지만 정말 훌륭했다. 네가 무척 자랑스럽구나."

"헤, 뭘요!"

베토벤의 연주 실력은 점점 눈에 띄게 향상되어 갔다. 아버지 요한은 이런 아들의 실력을 따라갈 수 없었던지 어느 날, 베토벤에게 이렇게 말했다.

"루트비히야, 이제부터는 너를 전문 음악 교사들에게 교육하기로 했단다."

그리하여 베토벤은 파이퍼 선생님에게서 음악 지도를 받기 시작하였다.

새 음악 선생님인 파이퍼도 아버지 못지않게 엄격했다.

베토벤은 밤낮을 가리지 않고 연습을 해야 했다. 악보 적는 법도 배웠다. 그리고 사촌 형인 프란츠 게오르크 로반티니에게서 바이올린과 비올라를 배웠다. 비르바르트에게서는 파이프 오르간 연주법도 배웠다.

베토벤의 음악 공부에 대한 욕심 또한 대단하였다.

어느 날, 로반티니는 바이올린 연습을 하고 있는 베토벤에게 다가와 물었다.

"너 요새 바이올린이나 비올라보다 파이프 오르간을 연주하는데 대부분의 시간을 보내는 것 같더라. 파이프 오르간이 더 좋으니?"

"그렇지 않아요. 난 그저 여러 가지 악기 연주법을 익히고 싶어서 그럴 뿐이에요. 그렇게 되면 각 악기들이 지닌 특징을 살려서 곡을 만들 수 있잖아요. 저는 연주보다 작곡이 더 좋아요."

"넌 아마 할아버지 이상으로, 정말 훌륭한 음악가가 될 수 있을 거야."

로반티니는 어린 베토벤에게 격려를 아끼지 않는 좋은 선생님이었다. 그런데 그는 이듬해에 스물네 살의 젊은 나이로 죽고 말았다. 그가 죽자, 아버지 요한은 어려운 살림에 보탬이 될까 해서 베토벤에게 네덜란드로 연수 여행을 떠나도록 결정해 버렸다.

살을 에는 듯한 찬 바람이 불어오고, 잎이 떨어져 앙상하게 드러난 포도 덩굴들이 가늘게 떨고 있는, 1781년 11월의 어느 날이었다.

네덜란드의 암스테르담으로 가는 배는 라인강을 따라 서서히 흘러 내려갔다.

"엄마, 몹시 추워요."

"이리 바짝 다가와서 엄마 외투 안으로 들어오렴."

베토벤과 어머니는 추위를 피하기 위해 서로 꼭 끌어안고 갑판 위에 웅크리고 앉았다.

"엄마, 난 암스테르담에 가고 싶지 않아요. 난 모차르트 같은 천재도 아니고, 더구나 돈을 벌기 위해 억지로 연주를 한다는 건 더 싫어요."

"그래도 아버지의 뜻이 그러한데 어떻게 하겠니?"

비록 이렇게 대답은 했지만, 어머니도 마음이 아프지 않을 리가 없었다.

'아, 형편이 조금만 나았어도 어린 것한테 이런 일을 시키지는 않을 텐데……."

배가 암스테르담에 도착했을 때, 두 사람은 지칠 대로 지

라인강변에 있는 베토벤 홀

쳐 있었다. 그렇다고 어디 가서 푹 쉴 수도 없는 처지였다. 베토벤은 도착한 날 밤부터 귀족의 저택에서 연주를 하기로 약속이 되어 있었기 때문이었다.

베토벤은 멋진 예복으로 차려입고 화려한 귀족의 저택에서 피아노를 친다는 것이 못 견디게 싫었다.

그러나 어린 베토벤의 연주를 들은 암스테르담 귀족들은 칭찬을 아끼지 않았다.

"대단한 솜씨야!"

"세련되지는 않았지만, 힘이 솟아오르고 가슴을 찌르는 듯한 감동이 있는 것 같아."

귀족들은 베토벤에게 약간의 선물과 돈을 주기도 했다.

며칠 후, 베토벤과 어머니는 연주 여행을 마치고 집으로 돌아왔다. 아버지는 두 사람에 대한 걱정이나 관심보다는 과연 얼마나 벌었을까 하는 기대감에 초조히 기다리고 있었다.

"그래, 결과는 어떻게 되었소?"

아버지는 여전히 술 냄새를 풍기며, 어머니 마리아에게 다그치듯 물었다.

"대성공이었어요. 모두 칭찬이 대단했어요."

"내 말은 칭찬보다 수입이 얼마나 되었냐는 거요?"

어머니는 난처한 표정을 지으면서 지갑을 꺼내 보였다.

"겨우 이 정도야?"

아버지는 약간의 선물과 돈밖에 들어온 것이 없다는 걸 알고서는 완전히 실망한 눈초리로 마리아와 베토벤을 노려보았다.

역사 속으로

볼프강 아마데우스 모차르트(1756~1791)

볼프강 아마데우스 모차르트는 오스트리아의 잘츠부르크에서 슐라텐바흐 대주교의 궁정 음악가인 레오폴트 모차르트의 7남매 중 막내로 태어났다.

아버지 레오폴트는 4세 때부터 그에게 클라비어를 가르치고 연주도 시켰다. 모차르트는 6세 때에 이미 뛰어난 하프시코드 연주자가 되어 있었고, 오르간과 바이올린의 연주에도 탁월한 재능을 보였다.

그는 공식적인 교육은 받지 않고 아버지에게서 음악 교육만을 받았다. 1762년에 레오폴트는 아마데우스와 그의 누이 마리아 안나 모차르트를 데리고 뮌헨으로 첫 번째 연주 여행을 하였다.

이후 10년 동안 연주 여행을 계속하는 가운데 아마데우스는 유럽 여러 지역의 많은 작곡가들을 만났고 그들의 음악에서 영향을 받았다.

빈에서는 전고전주의의 거장 바겐자일의 음악을 접하게 되었고, 1763년 파리에서는 J. 쇼베르트의 클라비어 양식을 익힐 수 있었으며 글룩의 오페라도 알게 되었다.

　1764년, 런던에서는 J.C. 바흐와 가까이 지내면서 그의 오페라와 교향곡을 통해 많은 영향을 받았다. 이 밖에도 만하임에서는 교향곡의 창작 기법을 공부할 수 있었고, 이탈리아에서는 오페라의 창작 기법을 익힐 기회를 얻었다.

모차르트의 초상화

　1766년 11월에 잘츠부르크로 돌아와서 최초의 오라토리오(1767)를 작곡하였고, 1768년에는 빈으로 가서 또 다른 오라토리오를 위촉받아 작곡하였다. 1769년에 다시 부친을 따라 이탈리아로 연주 여행을 하면서 즉흥 연주와 암보로써 천재적인 재능을 발휘하였다. 1771년에 잘츠부르크로 돌아왔다가 다시 이탈리아의 밀라노로 여행을 한 뒤 고향으로 와서 작곡과 연주 활동을 하였으나 대우는 충분치

않았다.

어머니와 함께 다시 외국에서 활동하기 위하여 독일의 여러 지역과 파리 등지로 갔으나 환영을 받지 못하였고, 어머니도 이때 세상을 떠나고 말았다.

1779년에 잘츠부르크로 돌아와서 궁정 오르가니스트로 잠시 일하였고, 1781년에 궁정 음악가 직을 사임하고 독립된 음악가로서 활동을 시작하였다. 귀족과 왕실 가족 앞에서 연주를 하거나 피아노 교습을 하면서 생계를 유지하였다.

1782년에는 콘스탄체 베버와 결혼하면서 창작 활동은 더욱 활발해졌으나 경제적으로 어려워졌고 가정생활도 순탄치 못했다.

1784년 프리메이슨 단원이 되어 이 운동을 위한 작품도 썼으며 1786년에는 오페라 <피가로의 결혼>을, 이듬해에는 <돈 조반니>를 작곡하였는데, 실내악 작품과 교향곡의 걸작품들도 이때 나왔다. 그러나 건강이 나빠지기 시작하여 1791년 마지막 오페라 <마적>을 작곡할 무렵에는 극도로 쇠약해졌다. 모르는 사람에게서 <레퀴엠> 작곡을 의뢰받고 작업을 하던 도중 완성하지 못하고 세상을 떠나고 말았다.

작곡하는 소년

사촌 형 로반티니가 죽은 후, 베토벤은 리스 선생님에게서 바이올린을 배웠다.

바이올린을 배우는 동안 피아노곡이나 관현악단이 연주할 곡들을 틈틈이 작곡하였다.

그 당시 왕이 사는 궁정의 오르간 연주자로 네페라는 사람이 있었다.

베토벤은 네페의 연주를 무척 좋아했다. 그래서 네페가 예배당에서 연주하는 날에는 연주를 들으러 예배당에 가겠다고 조르기도 했다.

하루는 베토벤이 작곡한 곡을 리스 선생님께서 자세히 살펴보더니, 베토벤을 불러 조용히 말했다.

"루트비히야, 네가 작곡한 곡을 네페 선생님께 보여 드려라. 작곡 공부를 하는 데 도움이 될 게다."

"정말 그렇게 해도 되나요? 그런데 그분이 하찮은 저의 작품에 관심을 가지실까요?"

"물론이지. 네페 선생님은 기꺼이 네게 좋은 가르침을 주실 게다."

"정말 그래 주실까요?"

리스 선생님의 따뜻한 격려와는 달리 잿빛 하늘은 거리를 무겁게 누르고 있었다. 베토벤은 쪼들리는 집안 형편 때문에 늘 마음이 괴로웠다.

"아, 모든 게 싫다. 가난도, 술주정꾼 아버지도, 이젠 음악이고 뭐고 다 싫어졌어. 피아노 같은 건 이제 그만둬 버릴까? 차라리 공장에서 일하면 지금보단 더 나은 생활을 할 텐데."

베토벤은 이런저런 생각에 잠긴 채 무거운 발걸음으로 거리를 헤맸다.

그는 발길 닿는 대로 이곳저곳을 돌아다니다가 문득 정신을 차려 주위를 살펴보니 궁정 성당*이었다.

베토벤은 지친 다리와 몸을 궁정 성당의 돌기둥에 기댄 채 그대로 바닥에 주저앉아 버렸다.

그때, 성당 안에서 오르간 연주 소리가 흘러나왔다. 지금까지 그가 들어 보지 못했던 참으로 장중하고 아름다운 곡이었다.

베토벤은 바로 직전에 음악을 그만두겠다는 결심을 까마득히 잊어버린 채, 자기도 모르는 사이에 성당 안으로 걸음을 옮겨 놓고 있었다.

성당

가톨릭교의 교회당으로 주당 또는 천주당이라고도 한다.
일반적으로 가톨릭 교의 미사 등 종교의식이 행하여지는 곳을 말한다. 우리나라에서 가장 큰 성당은 1898년에 완공된 서울 명동에 있는 명동 성당이다.

서울의 명동 성당

넓은 성당 안에는 의자만 가지런히 놓여 있을 뿐, 사람의 그림자조차 보이지 않았고, 오르간 소리만이 어두운 성당 안에서 울려 퍼지고 있었다.

'누가 치는 것일까? 정말, 훌륭한 연주 솜씨야.'

"앗! 네페 선생님!"

순간 베토벤은 당황했다. 네페는 당황해하며 서 있는 베토벤을 발견하고는 그에게로 다가왔다.

"여긴 무슨 일로 왔는가?"

"오르간 연주 소리에 끌려 저도 모르게 들어왔어요. 저는 루트비히 판 베토벤입니다."

"오, 이제 보니 너는 궁정 가수 요한의 아들이구나. 너를 여기서 만나다니……."

"저를 어떻게 아시죠?"

"피아노를 잘 친다는 소문을 들었다."

"네페 선생님, 저는 선생님처럼 그렇게 피아노를 잘 치지도 못한답니다. 아직까지 음악에 대해 이해도 못하고 있는걸요."

네페는 솔직하고 똑똑한 베토벤이 퍽 마음에 든 모양이었다.

베토벤은 그 순간, 네페 선생님께 악보를 한번 보여 드리라고 하신 리스 선생님의 말씀이 머리에 떠올랐다.

"저, 리스 선생님께서 제가 지은 곡들을 네페 선생님께 한번 보이라고 해서……."

네페는 베토벤에게서 악보를 받아서 들었다. 그러고는 찬찬히 훑어보더니 약간 놀란 듯한 얼굴에 미소를 머금은 채, 베토벤의 얼굴을 바라보았다.

"선생님, 저를 제자로 삼아 주십시오. 제대로 음악 공부를 하고 싶습니다."

"음……."

네페 선생님은 한동안 베토벤을 바라보더니 입을 열었다.

"그렇다면 내일부터라도 성당으로 나오도록 해라."

"정말입니까? 고맙습니다. 선생님, 정말 고맙습니다!"

베토벤은 너무 기뻐서 어쩔 줄을 몰랐다. 훌륭한 네페 선생님에게 음악을 배우게 되다니 꿈만 같았다.

베토벤은 다음 날부터 네페 선생님에게서 작곡하는 법을 배우기 시작하였다.

네페 선생님은 먼저 악보 적는 법을 가르치고, 다음에는 작품의 연주와 작곡법을 가르쳤다. 베토벤은 밤낮을 가리지 않고 음악 공부에 열중했다.

어느 날, 열심히 연습 중인 베토벤에게 네페 선생님은 말했다.

"나는 영주님을 따라 뮌스터에 다녀와야겠는데, 그동안 궁정 파이프 오르간을 연주할 사람이 필요하단다."

그러고는 잠시 사이를 두었다가 다시 말했다.

"루트비히, 네가 하면 어떨까? 너에게도 좋은 경험이 될 거고, 너라면 충분히 해낼 수 있을 거라고 믿는다."

베토벤은 너무 기뻐서 가슴이 벅찼다.

'나에게 이런 행운이 주어지다니…….'

베토벤은 이 기쁨을 한시라도 빨리 부모님께 알려 드리고 싶어서 집을 향해 달렸다.

그런데 아버지 요한은 여느 때와 마찬가지로 대낮부터

베토벤이 어릴 적 자랐던 본 시내 전경

술을 마시느라고 밖에 나가고 집에는 없었다. 어머니만이 할아버지의 초상화 앞에서 울면서 기뻐해 주셨다.

"루트비히야, 정말 좋은 기회가 왔구나."

마침내 어머니의 격려 덕분에 베토벤은 네페 선생님 대신 파이프 오르간 연주를 훌륭히 해낼 수 있었다. 그 일이 있은 후부터 베토벤은 네페 선생님이 본을 떠나고 없을 때는 대신 파이프 오르간을 연주하게 되었다.

그로부터 1년이 지난 뒤, 베토벤은 열네 살의 어린 나이로 궁정 악단의 정식 연주자가 되었다.

그리고 영주인 공작을 위해서 베토벤은 3개의 피아노 소나타 곡을 작곡하여 사람들로부터 관심을 한몸에 받게 되었다.

그러자 어린 소년 베토벤은 점점 자만심이 생기기 시작하였다. 사람들이 시기하면 할수록 더 자만심이 생겨났다.

그리고 그것은 어느 사이에 옹고집으로 변하기 시작했다.

가난과 주정뱅이 아버지에게 시달림을 받아 온 베토벤에게 믿을 건 자기 자신밖에 없었기 때문인지도 모른다.

"놀라운 천재 소년이야!"

"천재다."

"거만하고 고집 센 꼬마 녀석!"

하지만 베토벤이 정말 좋아하는 일은 연주보다는 작곡이었다.

언제부터인지 베토벤의 가슴 속에는 하나의 꿈이 자라나기 시작했다. 그것은 왕이나 영주의 비위를 맞추기 위한 음악이 아니라, 자기의 마음속에 있는 심정을 그대로 나타낸 음악을 만들어 수많은 사람들에게 들려주었으면 하는 바람이었다.

그렇게 되기 위해서는 열심히 공부하여 자기의 음악 세계를 넓혀 가야만 했다.

어느 날, 베토벤은 길에서 우연히 친구인 베겔러를 만났다. 베겔러는 베토벤보다 다섯 살이나 위인 본 대학의 의과생이었다.

'저 애는 틀림없이 천재 음악가다. 한데 음악 이외의 세계는 아무것도 모르고 있구나.'

베겔러는 베토벤에 대해 이렇게 생각하고 있었다.

베겔러는 베토벤을 위해 브로이닝 집안을 소개해 주었다. 브로이닝 집안이라 하면 본에서는 모르는 사람이 없을 만큼 훌륭한 가문의 귀족이었다.

거드름을 피우는 다른 귀족과는 달라서 사람들에게 존경을 받고 있었다. 남편도 일찍이 세상을 떠나고, 지금은 브로이닝 부인만이 아이들과 함께 살고 있었다.

베토벤은 브로이닝 집안의 아이들에게 피아노를 가르치기로 했다. 브로이닝 부인은 마음씨가 고와서 베토벤에게 항상 친절히 대해 주었으며, 또한 한 식구처럼 생각하였다.

그녀는 피아노 연습이 끝나면 차와 처음 먹어 보는 요리들을 대접하면서 베토벤에게 많은 것을 가르쳐 주었다.

베토벤은 브로이닝 부인을 통해 문학과 역사, 철학에 눈을 떴고, 음악의 도시 빈에 대해서도 많은 이야기를 들을 수 있었다.

"루트비히 선생님은 괴테라는 사람을 알고 있습니까?"

"아뇨."

"괴테는 독일에서 가장 훌륭한 시인입니다. 괴테의 시를 읽게 된다면 선생님은 지금보다 더 훌륭한 음악가가 될 수 있을 것이라고 생각합니다."

브로이닝 부인은 조용히 괴테의 시를 읊어 주었다.

꼼짝도 않고 머리를 숙인 채 듣고 있던 베토벤은 그 시에 넋을 잃고 말았다.

'아아, 저렇게 훌륭한 시인을 꼭 한 번 만나 보고 싶구나.'

"선생님, 당신은 이제 본에 머물러 있어선 안 됩니다. 음악의 본고장인 오스트리아 빈으로 가야 합니다."

"저도 그러고는 싶지만……."

"하루라도 빨리 빈으로 가서 위대한 음악가들의 가르침을 받으세요. 그래서 괴테의 명성에 못지않은 독일에서 제일가는 음악가가 되십시오."

브로이닝 부인은 마치 친아들에게 타이르듯이 그렇게 되풀이하여 말했다.

'아아. 음악의 본고장 빈에 가고 싶다. 모차르트나 하이든 같은 대작곡가들로부터 내 작품에 대한 평도 듣고 싶고 가르침도 받고 싶다.'

베토벤은 빈에 대한 꿈으로 가득 찼다. 하지만 가난한 집안 살림으로는 그러한 꿈이 언제 이루어질 수 있을지 자신도 알 수 없는 일이었다.

그렇다고 꿈만 먹고 지낼 수도 없었다. 그는 빈으로의 유학을 결심하고 푼푼이 돈을 모으기 시작했다.

궁정에서 특별 연주가 있을 때마다 베토벤은 얼마간 돈을 받았는데 이것을 모으기 시작했다.

하지만 이렇게 번 돈을 아버지의 술값이나 식구들의 생활비로 한 푼 두 푼 쓰다 보니 좀처럼 모이질 않았다.

이러한 형편이다 보니 빈 유학에 대한 꿈은 자연히 좌절되고 말았다.

그는 낙담하여 실망과 체념의 나날을 보내고 있었다.

베토벤이 열일곱 살이 되던 해 봄이었다.

빈 유학의 좌절로 실의에 빠져 지내던 베토벤에게 뜻밖의 행운이 찾아왔다. 영주인 막스밀리안 프란츠 공작으로부터 만나자는 연락이 왔다.

"루트비히 군, 빈에서 음악 공부를 하고 싶지 않나? 빈에 가면 훌륭한 연주가나 작곡자도 많고 그들과 교류를 갖게 되면 루트비히 군에게도 좋은 경험이 될 거야."

베토벤은 너무 기뻐서 어머니 마리아에게 이 소식을 빨리 알리고 싶었다.

그러나 집에 들어가자마자 어머니의 메마른 기침 소리가 들려왔다. 그리고 그녀의 어둡게 그늘진 얼굴을 대하는 순간, 선뜻 입 밖으로 말이 나오지 않았다.

베토벤은 굳게 마음을 먹고 어머니에게 이런 사실을 말했다.

"루트비히를 위하는 일이라면……."

어머니는 애써 고통과 슬픔을 감추고 기꺼이 찬성하였다.

드디어 빈으로 가기로 한 이별의 날이 다가왔다. 항상 술에 취해 계시던 아버지도 이날만은 술을 드시지 않은 듯했다.

어머니는 무겁게 입을 열었다.

"루트비히야, 집 걱정은 하지 말고 부디 몸 건강히 잘 다녀오도록 해라."

애써 눈물을 참으시고 환하게 웃고 계시는 창백한 어머니의 얼굴을 바라보는 순간, 베토벤은 가슴이 미어지는 듯했다.

"어머니, 제가 돌아올 때까지 부디 몸 건강히 계세요. 요한, 카를, 나 대신 부모님을 잘 부탁한다."

"형, 집 걱정은 하지 말고 잘 다녀와."

짧은 작별 인사를 나누는 동안 베토벤이 타고 갈 마차가 집 앞에 도착했다.

베토벤이 마차에 오르자, 출발하기 시작했다.

베토벤이 유학을 떠났던 음악의 본고장 빈(오스트리아)

 손을 흔들며 배웅하는 식구들과 본의 정든 집이 시야에서 점점 멀어졌다. 그 순간 베토벤의 눈에선 뜨거운 눈물이 왈칵 쏟아져 내렸다.
 하지만 베토벤은 그때까지 모차르트나 하이든을 만나 자신의 인생이 어떻게 바뀔지는 짐작도 하지 못하고 있었다.

역사 속으로

프란츠 요제프 하이든(1732~1809)

오스트리아 로라우에서 출생한 하이든은 교향곡의 아버지로 불리고 있다. 100곡 이상의 교향곡, 70곡에 가까운 현악 4중주곡 등으로 고전파 기악곡의 전형을 만들었으며, 특히 제1악장에서 소나타 형식을 완성한 사람으로도 유명하다.

오스트리아 동부의 작은 마을에서 궁정의 수레바퀴를 만드는 목수의 아들로 태어난 그는 5세 때 친척인 교회 음악가인 프랑크라는 사람의 집에 가서 교육을 받았다. 그리고 1740년 빈의 성 슈테판 대성당의 소년 합창단에 들어가 활동하였으나 1749년 변성기에 들어가자 합창단을 나와 그때부터 빈에서 자유롭기는 하였지만 불안정한 생활을 시작하게 되었다.

그런 생활이 1759년까지 10년간이나 계속되고 그동안의 자세한 경위는 잘 알려져 있지 않지만 독학으로 작곡을 공부하는 한편, 이탈리아의 오페라 작곡가이자 성악가인 N. 포르포라를 알게 되어 그에게서 잠시 작곡 이론을 배우기도 하였다. 또 슈테판 대성당 등에서 바이올린을 연주하거나 세레나데 악단에 참여하여 빈 거리로 나와 돈을 버는 일도 하였다.

이처럼 고생을 하면서 음악과 더불어 살아간 그는 10년 후인 1759년 마침내 보헤미아의 모르친 백작 집안의 궁정 악장에 취임하였다. 보헤미아에 부임한 하이든은 그곳에서 초기의 교향악과 관악합주인 <디베르티멘토>를 작곡하였다.

교향곡의 아버지 하이든의 초상화

그러다가 백작의 재정 상태가 어려워져 악단이 해산되는 바람에 다시 실업자가 되어 빈으로 돌아왔고, 1760년 11월 가발업자의 딸 마리아 안나 알로지아와 결혼하였다.

1761년 하이든은 헝가리의 귀족 에스테르하지 후작 집안의 부악장에 취임하였다. 당시의 악장은 G. 베르너였으나 그가 사망한 1766년부터는 하이든이 악장으로 승진하였다.

에스테르하지 후작의 집에서는 하이든이 1790년까지 거의

30년에 가까운 세월을 충실한 악장으로 근무하였다. 그동안에 많은 교향곡 등을 작곡하였는데 특히 교향곡과 현악 4중주곡 등 실내악(클라비어 소나타) 등 기악곡에 있어서는 고전파의 규범이 되는 형식을 창조하고, 1781년에는 소나타 형식의 전형으로 간주되는 6곡으로 된 <러시아 4중주곡>을 완성하였다. 이것은 모차르트에게도 영향을 준 작품이다.

그리고 1780년대에는 파리의 오케스트라를 위한 6곡의 <파리 교향곡>을 비롯하여 <토스토 교향곡>(2곡), <도니 교향곡>(3곡) 등 명작을 잇달아 작곡하였다. 1790년 9월 니콜라우스 에스테르하지 후작이 사망하자 그는 명예 악장이라는 칭호를 받음과 함께 그 직에서 물러나 빈에서 살았다.

이 무렵 독일의 바이올린 연주자로서 J. P. 잘로몬의 권유로 두 차례에 걸쳐 런던을 방문하여 12개의 교향곡을 작곡하였다. 또 1791년에는 옥스퍼드 대학교에서 명예박사 학위를 받았다.

만년의 하이든은 뛰어난 미사곡 6곡을 작곡하고, 또 두 개의 오라토리오의 대작 <천지창조>(1798)와 <사계>(1801)를 작곡하였다.

모차르트와 만나다

베토벤이 빈에 도착한 때는 따뜻한 4월의 봄날이었다.

그는 값싼 하숙집에 방을 정했다. 그리고 생각했다.

'어떻게 해서든지 먼저 모차르트를 만나서, 그의 가르침을 받아야 한다.'

이때 모차르트는 갓 서른 살이었는데, <피가로의 결혼>이라는 곡을 발표하고 난 뒤 세상에 큰 명성을 떨치고 있었다.

마음이 급한 베토벤은 다음 날 아침 일찍 모차르트의 집

오스트리아 빈의 국립 오페라 극장

을 찾아 나섰다.

"소개장을 가지고 왔습니다."

"잠깐만 기다리세요."

베토벤은 한참을 기다리고 나서야 모짜르트를 만날 수 있었다.

"어서 와요, 베토벤 군!"

"선생님, 저는 선생님의 제자가 되고 싶어서 멀리 본에서 왔습니다."

"소개장에는 자네의 실력을 매우 칭찬하고 있더군. 지금 자네의 연주를 들었으면 하는데 들려줄 수 있겠나?"

"예, 선생님!"

이윽고, 베토벤은 숨을 가다듬고 연주를 시작하였다. 그런데 모차르트는 베토벤이 연주를 하고 있는 동안, 굳은 얼굴을 하고 별 내색하지 않고 듣고만 있었다.

베토벤은 모차르트의 이런 태도에 마음이 점점 초조해지기 시작하였다. 사실 그때 모차르트는 기대와는 달리 베토벤의 연주에 실망하고 있었다.

베토벤은 정신을 가다듬고 실망스러운 얼굴로 앉아 있는 모차르트를 향해 말했다.

"제발 이것만으로 절 판단하지 말아 주십시오. 한 번 더 연주할 기회를 주십시오. 선생님께서 짧은 멜로디를 쳐 주시면 즉흥곡을 쳐 보겠습니다."

"뭐라고? 즉흥곡을 치겠다고?"

즉흥곡이라 함은 생각이 나는 대로 즉석에서 곡으로 나타내는 음악을 말한다.

모차르트는 베토벤의 당돌함에 조금은 놀랐지만 그의 당찬 용기가 마음에 들었다.

"자네의 열의가 대단하군. 좋아. 그럼 어디 한번 해 보지."

모차르트는 피아노 앞에 앉아 짧은 멜로디를 하나 쳤다.

베토벤은 이 멜로디를 금세 삼켜 버릴 듯이 즉흥곡으로 옮기기 시작하였다. 잔잔하면서도 즐겁고 힘이 넘치는 연주였다.

처음에는 별 흥미 없이 듣고 있던 모차르트는 곡이 진행되어 감에 따라 멜로디에 흠뻑 빠져들었다.

'정말 훌륭한 연주곡이군. 비범한 재능이야. 조금만 노력하면 아주 유명한 음악가가 되겠어.'

모차르트는 베토벤의 연주가 끝나기를 기다리고나 있었다는 듯이 그의 어깨를 두드리면서 말했다.

"정말 훌륭하네! 이런 즉흥곡을 그렇게 쉽게 소화해 낼 수 있다니……. 놀랍군. 자네가 내게서 가르침을 받고 싶다면 나로서도 영광일세."

그러더니 큰 소리로 옆방에 있는 친구들을 불러 베토벤을 소개했다.

"자, 모두 잘 봐두게. 여기 이 소년은 루트비히 판 베토벤이라네. 훗날 틀림없이 온 세계를 깜짝 놀라게 할 위대한 음악가가 될 걸세."

그리하여 베토벤은 모차르트의 제자가 되어 그에게서 작곡을 배우기 시작하였다.

모차르트는 베토벤에게 사례금도 받지 않은 채 아주 열심히 지도해 주었다.

하지만 그러한 기쁨도 잠시, 빈으로 온 지 얼마 되지 않았을 때였다. 갑자기 아버지로부터 급한 편지가 날아왔다.

어머니가 몹시 위독하니 이 글을 보는 즉시 집으로
돌아오기를 바란다.

아버지가

베토벤은 하늘이 무너지는 듯 눈앞이 캄캄했다.

"어머니께서 위독하시다니……. 모든 것을 포기하고 일단 집으로 돌아가자."

베토벤은 모차르트와 작별 인사를 나누고 본을 향해 출

발했다.

"어머니!"

"아아, 루트비히! 이제 다시는 일어날 수 없을 것만 같구나. 내 마지막 소원이다. 부디 훌륭한 음악가가 되어 다오."

어머니는 눈물을 글썽거리며 말했다.

"어머님, 제가 훌륭한 음악가가 되는 날까지는 살아 계셔야 해요. 아직은 돌아가시면 안 돼요."

베토벤은 침대를 부둥켜안고 흐느끼며 말했다.

그날 이후로 베토벤은 잠시도 어머니 곁을 떠나지 않고 온 정성을 다 기울여 밤낮없이 간호했다.

그러나 폐결핵으로 여러 주 동안 기침 발작에 시달려 왔던 어머니는 베토벤의 정성스러운 간호에도 불구하고, 결국 숨을 거두고 말았다.

'마음씨 고운 어머님. 아아, 이제 다시는 어머니를 뵐 수 없게 되었어.'

어머니가 세상을 떠나자, 집안 살림은 점점 더 어려워져만 갔고, 베토벤은 어머니를 잃은 슬픔에 빠져 무기력한 나날을 보내고 있었다.

 그러나 베토벤 주위에는 그의 재능을 믿고, 그를 이해해 주는 사람들이 많았다.

 브로이닝 집안 사람들은 다시 베토벤에게 피아노를 배우기 시작하였다. 그리고 실의에 빠져 있는 그에게 친절하게 격려도 해주었다.

 그 무렵, 베토벤은 발트슈타인 백작을 알게 되었다. 베토벤보다 여덟 살이나 위인 그는 영주의 친구이자 음악을 사랑하는 젊은 음악가였다.

 또한 그는 실의에 빠져 있는 베토벤에게 피아노를 선물하기도 하였고, 음악 생도들을 소개해 주기도 하였다.

 그리고 가끔 자신의 귀족 친구들 집에서 베토벤이 연주회를 열 수 있도록 주선해 주기도 하였다.

 어머니가 세상을 떠난 지 3년쯤 지난 어느 날이었다.

 당시 유럽 제일의 음악가인 하이든이 런던으로 연수 여행을 가는 도중에 본에 들른다는 말을 들었다.

 이 소식을 들은 베토벤은 마음속으로 생각하였다.

'이 기회에 내가 작곡한 칸타타*를 봐 달라고 부탁해야겠구나.'

궁정 악단은 하이든을 위해 환영 파티를 열었다.

"하이든 선생은 전부터 나와 잘 아는 사이지. 이리 따라오게."

발트슈타인 백작이 베토벤을 불렀다. 베토벤은 백작을 따라갔다.

"반갑습니다, 하이든 선생님!"

"오, 발트슈타인 백작! 오래간만입니다."

"선생님! 소개할 사람이 있습니다. 이 친구가 바로 루트비히 판 베토벤입니다."

"이렇게 뵙게 되어 영광입니다."

칸타타

바로크 시대에 성행한 성악곡의 한 형식으로 독창·중창·합창 등으로 이루어진 큰 규모의 성악곡이다. 가사의 내용에 따라 실내(세속) 칸타타와 교회 칸타타로 나뉜다.

바흐의 칸타타 연주회가 많이 열렸던 부르크 극장

"오! 자네가 바로 모차르트가 이야기하던 베토벤이란 말이지?"

"그렇습니다."

"자네 소문은 익히 들었네. 이렇게 만나서 정말 반갑네."

"선생님, 제가 작곡한 칸타타를 좀 봐주십시오."

"어디 보세."

악보를 받아 든 하이든은 주의 깊게 악보를 살폈다. 그리고 미소를 띠며 베토벤에게 말했다.

"흠 정말, 훌륭하군. 역시 모차르트 말이 맞았어. 루트비히 군, 이곳에 머물러 있기엔 재능이 너무 아깝네. 다시 빈으로 가서 공부할 생각은 없나? 만약 빈에서 다시 공부할 기회가 생긴다면 날 찾아 주게. 내가 도움이 될지도 모르니까."

하이든의 말을 듣자, 베토벤은 사라져 가던 빈에 대한 꿈이 마음 깊은 곳에서 다시 꿈틀거리는 걸 느꼈다. 베토벤은 모든 걸 팽개치고 당장이라도 빈으로 달려가고 싶은 충동이 일었다.

그러나 식구들 걱정 때문에 선뜻 떠날 수도 없는 입장이었다. 또 프랑스 혁명*으로 세계가 시끄러운데 빈이라고 예외일 수는 없을 거라는 염려도 되었다.

그 당시 프랑스 왕과 귀족들은 자신의 사치스러운 생활을 위해 무거운 세금을 거두는 등 횡포를 부렸다.

"더 이상 참고 견딜 수만은 없어. 빌어먹을! 세금으로 모두 거둬 갔으니……."

이에 견디다 못한 국민들이 마침내 일제히 일어났다.

"왕족과 귀족들을 처단하자!"

"절대 왕정을 몰아내자!"

사람들은 바스티유 감옥을 습격하여 억울하게 갇혀 있는 사람들을 구해 내고, 더 이상 제멋대로 정치를 못 하도록

프랑스 혁명

1789년에서 1799년에 걸친 프랑스의 시민 혁명. 루이 16세의 절대 왕정을 뒤엎은 혁명으로 전 국민이 자유와 평등한 권리를 얻으려고 일으킨 것이었다. 프랑스 혁명은 근대 시민 사회를 건설하고, 자본주의를 촉진했으며, 근대적 국민 국가 성립의 중요한 계기가 되었다.

혁명 뒤 채택한 인권 선언문

왕족들을 체포했다.

그리고 시민 계급은 그들의 대표를 뽑아 새롭게 의회를 만들어 왕정을 폐지하고, 봉건적 특권의 폐지와 함께 인간의 자유와 평등이 보장되는 나라를 만들기 위해서 공화정을 선포했다.

프랑스에서 일어난 혁명의 소식은 온 세계에서 포악한 정치에 시달리는 사람들에게 용기를 주었다.

물론 베토벤도 마음이 한껏 부풀어서 혁명의 진행 과정을 지켜보았다.

'왕이나 귀족, 영주들이 잘 살며 뽐내는 그러한 옳지 못한 세상이 끝나는 날이 빨리 와야 한다. 만약 그런 날이 찾아오기만 하면 나는 그 기쁨을 음악으로 나타내어 세계의 모든 사람이 다 들을 수 있도록 해야겠다.'

베토벤은 이런 부푼 꿈을 꾸고 있었다.

베토벤이 빈 유학 때문에 고민에 빠져 있다는 걸 알고 있는 발트슈타인 백작은 그를 돕기로 결심했다.

그는 베토벤이 빈에 가서 공부할 수 있도록 프란츠 공작으로부터 다시 장학금을 탈 수 있게 추천해 주었다. 게다가 가족들의 생활도 돌보아 줄 것을 약속했다.

"베토벤 군. 집안은 걱정 말고 어서 빈으로 가게. 다음에 만날 땐 틀림없이 유명한 음악가가 되어 있어야 하네."

베토벤은 너무 감격한 나머지 백작의 손을 잡고 울먹였다.

"그렇게 서 있지만 말고 어서 가 보게. 이별이란 언제나 슬픈 것이지만 큰 뜻을 펴기 위한 이별이니 오히려 가슴 벅찬 일이 아닌가. 다시 말하지만 난 자네에게 매우 기대가 크네."

"…… 고, 고맙습니다."

베토벤은 터져 나오려는 기쁨의 눈물을 삼키며, 다시 한 번 똑같은 대답을 하였다.

1792년 11월, 새로운 희망에 가슴이 부푼 베토벤은 다시 고향인 본과 작별을 하고 빈을 향해 출발하였다.

빈에 돌아와 보니, 모차르트는 서른다섯 살의 젊은 나이로 세상을 떠나고 없었다.

항상 존경의 대상이었던 모차르트가 죽고 없다는 사실이

베토벤에게는 무척 안타까웠다.

베토벤은 인쇄업을 하는 어느 집의 지하실 방을 빌려 생활하기 시작했다.

그는 빈에서 의지할 데라곤 하이든 선생밖에 없다고 생각을 하고 그를 찾아갔다.

그리고 그곳에서 하이든에게 작곡을 배우기 시작했다. 그때 하이든의 나이는 예순 살이었다.

그러나 베토벤은 하이든에게 차츰 실망하기 시작했다. 하이든은 항상 작곡과 연주 활동으로 매우 바빴다. 게다가 베토벤의 작품에 대해 별로 주의를 기울이지도 않고, 비평도 자세히 해 주지 않았다.

"선생님 이 곡을 좀 봐주십시오."

"난 지금 바쁘네."

'내 작품에는 관심도 안 보이시니……. 도대체 배울 틈이 없잖아!'

그러던 어느 날이었다.

"선생님! 저…… 드릴 말씀이 있습니다."

"그래, 무슨 얘긴지 해 보게."

"선생님의 가르침을 받고 싶습니다. 저에게도 시간을 좀 내 주십시오."

"자네의 말뜻은 알겠지만, 작곡이란 누가 가르친다고 해서 되는 문제가 아닐세. 자기 자신이 하는 것이란 말일세. 자네는 그만한 재능이 있으니, 뭐 특별히 가르칠 것도 없네."

얼마 후 베토벤은 알브레히츠 베르거에게 작곡을 배웠다. 그리고 오페라 작곡가로 유명한 살리에리에게 성악곡 작법도 배웠다.

"성악곡이란 바로 이런 것이라네."

"그렇군요."

어느 날, 베토벤은 자신이 새로 완성한 곡들을 살리에리와 알브레히츠 베르거에게 보였다. 찬찬히 검토해 보던 살리에리가 딱딱하게 말했다.

"베토벤 군, 자네는 우리가 가르친 규칙들을 하나도 지키지 않고 항상 마음대로만 하는군. 앞으로도 계속 우리의 가르침을 무시하고 제멋대로 한다면 우리들은 자네에게 아무것도 가르칠 수가 없네."

그러나 베토벤의 열렬한 후원자이자 음악 애호가인 리히노브스키 공작은 베토벤에게 이렇게 말했다.

"하이든 씨가 베토벤 군에게 준 가르침은 규칙대로 작곡하라고 잔소리하지 않고, 자네 하고 싶은 대로 작곡하게 내버려둔 점인 것 같군."

이 말을 들은 베토벤은 마음속으로 다짐하였다.

'이젠, 누구도 나를 가르칠 수 없는 것 같군. 나는 독특한 나만의 새로운 세계를 스스로 개척하고 말 거야.'

빈에 온 지 얼마 되지 않은 어느 날, 본의 발트슈타인 백작으로부터 편지가 날아왔다.

아버지가 오랜 세월 동안의 음주 때문에 돌아가셨다는 소식이었다.

그러나 이제 겨우 다시 시작한 음악 공부를 중단할 수는 없었다. 결국 그는 아버지의 장례식에 참석하지 않았다.

그 후, 두 동생은 베토벤이 있는 빈으로 와서 저마다 일

자리를 구해 직장 생활을 하였다.

그즈음, 프랑스 군이 독일을 침공하여 베토벤의 고향인 본을 점령했다는 소식이 들렸다. 그에 따라 본으로부터 보내져 오던 학비도 끊어지고 말았다.

그래서 베토벤은 스스로 생활해 나가기 위해 부지런히 일해야 했다.

귀족 집안의 아이들에게 피아노를 가르치거나, 그들의 음악회에 초대되어 피아노를 연주하는 일이 베토벤의 일과였다.

이런 베토벤에게 리히노브스키 공작은 함께 살기를 권했다. 그는 음악을 매우 좋아하고, 피아노도 썩 잘 쳤다.

그리고 매주 금요일마다 귀족들을 집으로 초청하여 음악회를 열곤 했다.

베토벤은 이 음악회를 통해 여러 음악가와 많은 귀족들을 알게 되었다.

그러나 그는 귀족들 앞이라고 해서 결코 굽실거리거나 비굴하지 않았다. 그는 어디서나 당당하게 행동했다.

그는 이러한 새로운 생활에 매우 흡족해하고 있었다.

또한 지금까지 눌려서만 지내고 있던 마음이 바람을 타고 푸른 하늘을 향하여 끝없이 날아갈 듯한 자유를 즐기고 있었던 것이다.

그렇게도 무뚝뚝하게 보이던 베토벤이 이때 춤을 배웠다는 것만 보아도 빈에서의 생활이 그의 기분을 얼마나 밝게 해 주었는가를 짐작할 수가 있다.

그 당시 베토벤이 작곡한 곡들은 그때까지의 음악에서는 찾아볼 수 없는 억센 정신의 힘을 느낄 수 있었다.

빈에 온 지 3년째가 되던 해의 어느 날이었다. 리히노브스키 공작은 베토벤에게 말했다.

"베토벤 군, 부르크 극장에서 피아노 연주회를 갖는 게 어떤가? 그동안 작곡한 곡들도 발표할 때가 된 것 같은데……."

"부르크 극장이라면 빈 궁정의 극장 아닙니까? 그곳은 일류 음악가가 아니면 함부로 출입할 수가 없지 않습니까?"

베토벤은 꿈에도 바라던 일이었지만, 갑작스러운 권유에

어리둥절하기만 했다.

"베토벤, 그게 무슨 말이요? 당신은 훌륭한 음악가요. 당신 같은 사람이 망설이다니……."

베토벤은 온 힘을 다하여 연주회 준비를 하였다.

마침내 연주회 날인 1795년 3월 29일이 다가왔다.

스물다섯 살의 베토벤은 부르크 극장의 무대 위에 있는 피아노 앞에 앉았다.

관현악 반주의 피아노를 위한 <새로운 광상곡>이었다.

연주가 무르익자 청중들은 숨소리조차 없이 조용했다.

그러나 연주가 끝나는 순간, 사람들의 수많은 박수갈채가 쏟아졌다.

"굉장한 곡이다!"

"역시, 베토벤의 음악은 훌륭하단 말이야!"

시기와 질투를 하던 사람들도 박수를 아끼지 않았다.

베토벤은 사흘 밤을 매일 다른 프로그램으로 연주하여 자신의 실력을 마음껏 발휘하였다.

밤마다 극장 안은 사람들로 대성황이었다.

빈에서 처음 열린 베토벤의 연주회는 대성공이었다.

그뿐만 아니라 베토벤의 소문을 듣고 유럽의 여러 나라에서 연주회의 초청이 뒤를 이어 들어오게 되었다.

그리고 작곡가로서, 또한 피아니스트로서 베토벤의 명성은 나날이 높아져만 갔다.

1796년, 베토벤은 어릴 때의 꿈이었던 일을 이룰 수 있는 좋은 기회가 다가왔다.

리히노브스키 공작과 함께 유럽 연주 여행을 떠나기로 작정한 것이다.

이 연주 여행은 어디를 가나, 대인기였고 큰 성공을 거두었다.

프라하, 그레스텐, 라이프치히, 베를린 등을 순회하며 공연을 하였다.

특히 베를린의 공연 때는 청중들의 반응이 대단하였다. 그 나라의 국왕은 그에게 간청을 했다.

"베토벤, 이대로 베를린에 머물면서 내게 자네의 그 훌륭한 음악을 들려주게."

국왕은 매달리다시피 하였다.

그러나 베토벤은 남들이 부러워하는 이러한 권유를 사양하였다.

왜냐하면 그는 마음속에 항상 이런 생각을 하고 있었기 때문이다.

'나의 음악은 가난한 자의 마음속의 외침이다. 사나이의 넋이다. 참으로 나의 음악을 알아주고 만족해 주는 사람은 평민이며, 서민일 것이다.'

베토벤은 유럽 연주 여행을 통해서 독일의 음악가로서가 아닌, 전 세계적인 음악가로서 성장하게 되었다.

유럽 연주 여행에서 돌아와 보니, 빈은 프랑스와의 전쟁으로 어수선한 분위기였다. 매일 싸움터로 가는 병사들의 군화 소리가 끊이질 않았다.

이런 혼란 속에서도 베토벤은 전혀 동요되지 않고 작곡과 연주 활동을 게을리하지 않았다.

그는 피아노 앞에만 앉아 있으면 모든 시름을 다 잊을 수 있었기 때문이었다.

역사 속으로

프랑스 혁명

원인

프랑스 혁명의 원인은 구제도의 모순에 있었다. 구제도 아래에서는 인구의 2퍼센트 정도밖에 안 되는 제1 신분인 성직자와 제2 신분인 귀족은 면세 특권을 비롯하여 봉건적 특권을 누리면서 주요 관직을 독점하였다. 그러나 제3 신분인 평민은 무거운 세금을 부담해야 했다.

이러한 사회적 대립과 함께 계몽 사상가들의 혁명 사상이 시민들 사이에 큰 영향력을 주었고, 미국 독립 혁명 소식도 이들을 자극하였다.

프랑스 혁명의 직접적인 원인은 재정 문제였다. 당시 부르봉 왕조의 재정 상태는 사치스러운 궁정 생활과 대외 전쟁으로 파탄 상태에 이르렀으나, 귀족들은 면세 특권을 주장하여 재정 문제 해결에 좋은 방안이 없는 상황이었다.

발발

재정 문제가 심각해지자 1789년 루이 16세는 1614년 이래 한

번도 소집되지 않았던 삼부회를 소집하였다. 삼부회는 특권 신분과 평민층의 대립으로 파행을 치닫다가 제3 신분이 독자적으로 '테니스 코트의 선서'를 통해 국민 의회를 구성하였다. 국왕이 국민 의회를 탄압하자 파리의 시민들이 7월 14일 바스티유 감옥을 습격함으로써 혁명이 시작되었다.

국민 의회는 서둘러 봉건제의 폐지를 선언하고 이어 프랑스 인권 선언을 발표하여 혁명의 기본 이념을 천명하였다. 국민 의회는 일련의 개혁을 단행하고, 1791년 입헌 군주제와 제한 선거를 골자로 하는 헌법을 제정하고 해체되었다.

전개와 의의

새로운 헌법에 의해 소집된 입법 의회에서는 온건파인 지롱드 당이 주도권을 장악하였는데, 1792년 혁명의 전파를 두려워한 오스트리아와 프로이센이 혁명에 간섭함으로써 혁명전쟁이 일어났다. 이런 상황에서 파리의 민중이 왕궁을 습격하여 왕권이 정지되었으며, 입법 의회가 해산되고 1792년 9월 국민공회가 소집되었다. 국민공회는 과격파인 자코뱅 당이 주도권을 장악하여

공화정을 선포하고 국왕 루이 16세를 처형하였다.

1793년 로베스피에르는 공포 정치를 실시하여 국내의 반혁명 세력을 처형하고, 봉건적 공납의 무상 폐지 등 급진적인 개혁을 단행하였

바스티유 감옥을 습격하는 파리 시민들

다. 그러나 지나친 공포 정치에 대한 반발로 로베스피에르가 처형되자 온건파가 주도권을 장악하고, 1795년 입헌 공화정과 제한 선거를 골자로 한 헌법을 제정하였으며, 5인의 총재가 협의하여 정책을 결정하도록 하는 총재 정부를 구성하였다.

그러나 총재 정부는 무능하고 부패했기 때문에 국민의 실망이 커지자 1799년 나폴레옹이 이를 이용하여 쿠데타를 일으켜 정권을 장악하였다.

프랑스 혁명은 봉건 제도를 타파하고 자유주의·민주주의의 기초를 세워 근대 시민 사회 성립에 결정적 역할을 하였다.

불멸의 연인

 베토벤의 음악가로서의 명성은 나날이 높아져만 갔다. 그가 리히노브스키 공작의 집을 나와 두 동생과 함께 조그만 집에서 살고 있을 때였다.
 하루는 작곡하느라 여념이 없는 베토벤의 집에 귀한 손님이 찾아왔다. 헝가리의 귀족인 브룬스비크 백작의 미망인과 두 딸이 함께 찾아온 것이다.
 "백작 부인, 어서 오십시오. 웬일로 이렇게 누추한 곳까지 직접 찾아오셨습니까?"

"선생님께서 바쁘신 줄 알지만 부탁이 있어서 실례를 무릅쓰고 찾아왔습니다."

"부탁이라뇨?"

"제 딸 테레제가 선생님으로부터 피아노 지도를 꼭 받고 싶다고 저렇게 막무가내니……. 좀 부탁드립니다."

백작 부인 옆에 다소곳이 서 있던 테레제가 수줍은 듯이 얼굴을 붉히면 말했다.

"…… 부, 부탁드립니다."

순간 베토벤은 아름답고 우아한 테레제의 용모와 분위기에 빠져 넋을 잃었다.

이윽고, 정신을 가다듬은 베토벤은 떨리는 목소리로 말했다.

"기꺼이 그렇게 하도록 하죠."

그다음 날부터 테레제는 베토벤에게서 피아노 지도를 받기 시작하였다.

테레제는 베토벤을 잘 따라 주었고. 베토벤도 그녀를 가르치는 일이 즐거웠다. 베토벤은 테레제에게 점점 호감을 느끼기 시작하였다. 테레제가 여느 때보다 조금만 늦게 오는 날이면 베토벤도 몹시 기다려지고 초조해졌다.

베토벤은 이런 마음을 음악으로 표현하여 테레제에게 들려주고 싶었다.

마침내 테레제에게 줄 곡이 완성되었다. 베토벤은 조용히 피아노 앞에서 연습을 하고 있는 테레제에게 새로운 악보를 내밀었다.

"테레제! 내가 당신을 위해 만든 곡이오. 마음에 들는지 모르겠소."

"저를 위해 만든 곡이라고요?"

"<나 그대를 위하여>라는 시를 6개의 변주 곡으로 엮어 만든 것이오."

"아이, 좋아라. 피아노 소나타 F장조이군요."

테레제는 악보를 유심히 보다가 피아노 앞에 앉아 이 곡을 연주하기 시작했다.

방 안 가득 아름다운 선율이 물결치는 듯한 곡이었다.

며칠 후, 테레제는 베토벤의 고마움에 보답하기 위하여

자신의 초상화를 가지고 와서 그에게 내밀었다.

"고맙소, 테레제. 죽는 날까지 소중히 간직하리다."

테레제는 조용히 얼굴을 붉혔다.

1800년 4월 2일, 서른 살이 된 베토벤은 5년 만에 부르크 극장에 다시 서게 되었다. 자신이 작곡한 <제1번 교향곡>을 연주하기 위해서였다.

드디어 막이 오를 시간이 다가왔다. 호화로운 귀족들의 마차는 줄을 이었고, 극장 안은 많은 청중들로 가득 찼다.

청중을 향해 인사를 한 베토벤은 지휘봉을 힘차게 움직이기 시작했다. 관현악단의 우렁찬 화음이 극장 안에 물결쳤다.

왜소한 키에 지휘봉을 열심히 휘두르는 그의 모습을 지켜보는 두 아가씨가 있었다.

테레제와 그녀의 친척 줄리에타였다.

줄리에타는 구이치아르디 백작의 딸로서, 테레세와는 달리 명랑한 성격의 소유자였다. 그녀 역시 베토벤에게서 피아노 지도를 받고 있었다.

베토벤의 지휘와 연주가 끝나자 장내는 떠나갈 듯한 박수 소리로 요란했다.

"역시 베토벤다워, 정말 훌륭했어."

청중들은 저마다 칭찬을 아끼지 않았다. 베토벤이 청중들에게 인사를 하고 무대 뒤로 돌아왔을 때, 그곳에서는 테레제와 줄리에타가 기다리고 있었다.

"선생님, 축하해요. 정말 감동적이었어요."

테레제가 환하게 웃으며 공손하게 인사를 하였다. 그러자 그 옆에 있던 줄리에타는 밝은 표정으로 말을 이었다.

"하지만, 저에겐 너무 어려웠어요. 제가 좀 더 이해할 수 있도록 쉬운 곡을 만들어 주실 순 없나요?"

베토벤은 갑작스러운 줄리에타의 말에 깜짝 놀랐다. 이윽고 그는 입가에 미소를 머금은 채 말을 하였다.

"줄리에타, 그 말이 정말이오? 정말 나에게서 곡을 받고 싶다면 당신을 위해서 기꺼이 작곡해 드리겠소."

베토벤은 말수가 적은 자기와는 달리 밝고 솔직한 성격의 줄리에타에 전부터 사랑의 감정을 느끼고 있었다.

"정말로 그렇게 해 주시는 거죠? 선생님, 감사합니다."

"줄리에타, 당신을 위해 멋진 곡을 선물하리다."

베토벤은 줄리에타를 위해서 온 정성을 다해 곡을 만들었다.

그렇게 해서 탄생한 곡이 바로 그 유명한 <월광> 소나타였다.

이 곡은 달빛이 부서지는 듯한 1악장에 이어, 달빛을 받으며 선녀가 춤을 추는 듯한 2악장, 그리고 비바람이 몰아치는 듯한 격렬한 선율의 3악장으로 이루어져 있었다.

베토벤에게 <월광> 소나타를 받아 든 줄리에타는 기쁨으로 가슴이 마구 뛰었다.

"선생님, 고마워요."

그녀는 베토벤의 팔에 안긴 채 감격의 눈물을 흘렸다. 그리고 베토벤은 줄리에타의 기뻐하는 모습에 마냥 행복했다.

그 후, 베토벤과 줄리에타는 결혼까지 생각하였으나, 이들의 사랑은 두 집안의 신분 차이 때문에 이루어질 수 없었다. 베토벤의 연인인 줄리에타는 얼마 후, 어느 귀족 가

문의 백작과 결혼을 해 버렸다.

비록 줄리에타와의 사랑은 이루어지지 못하고 슬픔으로 끝나 버렸지만, 그에게 있어서는 사랑이야말로 음악으로 승화시킬 수 있는 영감을 주었을 뿐만 아니라 그에게 살아갈 용기를 불어넣어 주는 활력소였다.

그런데 불행은 또다시 베토벤을 기다리고 있었다.

유럽 연주 여행을 다녀온 지 얼마 지나지 않은 무렵이었다.

베토벤은 남들과 이야기를 하면서 이따금 가볍게 귀를 눌러 보곤 했다. '찡' 하고 귀울음이 나고서는 다른 소리가 도무지 들리지 않았다.

'바쁜데 다가 피곤해서 그렇겠지.'

처음에는 그다지 신경을 쓰지 않았다. 하지만 귀울음은 더욱 심해져 갔다. 베토벤은 참다못해 의사에게 진찰을 받았다. 그러나 어느 의사도 정확한 치료를 하지 못했다.

'나는 음악가다. 만일 귀가 잘못되어 들을 수 없다면 모든 일이 끝나는 게 아닌가?'

베토벤은 어찌하면 좋을지 몰라 안절부절못하였다.

어느 날, 초조하고 짜증이 나는 기분을 가라앉히려고 피아노를 치고 있었다.

그런데 그만 깜짝 놀라고 말았다. 손가락은 틀림없이 건반 위에서 움직이고 있는데, 약하게 친 음은 좀처럼 소리가 들리지 않는 것이었다.

'이런 어처구니없는 일이 어디 있단 말인가?'

베토벤은 미친 사람처럼 밖으로 뛰쳐나가고 말았다. 나뭇가지들이 밤바람에 흔들리고 있었다. 그러나 그의 귀에는 소리가 전혀 들리지 않는 것이었다.

'틀렸어! 나의 귀는 정말 막혀 버린 게 아닌가?'

집 안으로 뛰어 들어오자마자, 머리카락을 움켜쥐고 피아노 위에 엎드려 버렸다.

'남들이 알게 되면 어쩌지? 귀가 들리지 않는다는 사실은 음악가에겐 치명적이다.'

베토벤은 될 수 있는 대로 이 일을 숨겨 두려고 하였다. 사람들을 만나도 인사만 하고 지나쳤다.

"안녕하십니까?"

그는 그냥 지나쳐 버리려고 애를 썼다. 그러자 사람들 사이에서 '베토벤은 거만하다.'라는 소문이 나돌기 시작하였다.

"대음악가가 되더니 정말로 거만해졌는걸."

"역시 베토벤은 예의도 모르는 시골뜨기였구나!"

다시 그러한 소문이 사람들 사이에서 떠돌기 시작한 것이다.

그러나 베토벤의 괴로움에 비하면 그 따위 것은 아무것도 아니었다. 여러 의사들에게 치료를 받으면서 그들이 시키는 대로 다 해 보았으나 그의 귀는 조금도 나아지지 않았다.

베토벤은 귓병에다 오래전부터 앓아 오던 위장병까지 도져 건강이 아주 악화하였다.

의지할 데라곤 동생 카를과 요한밖에 없는데 이들은 전혀 도움이 되지 못하고, 오히려 말썽만 일으켜서 베토벤에게 정신적인 고통만 안겨 주었다.

이런 여러 가지 사정들로 인해 베토벤은 마침내 신경 쇠약에 걸리고 말았다.

참다못한 베토벤은 본에 살고 있는 친구인 베겔러 앞으로 편지를 보내서 이 고통을 털어놓았다.

친구 베겔러는 베토벤을 위로하였다.

"용기를 내게. 필요한 약이 있으면 언제라도 보내 줄게."

더욱이 친구를 위해 귓병의 전문가인 주치의 슈미트 박사를 소개해 주었다.

그러나 슈미트 박사의 치료를 받아 보아도 별 진전이 없었다. 어느 날, 괴로워하는 베토벤에게 슈미트 박사는 이렇게 말해 주었다.

"베토벤, 당신에게 지금 필요한 건 치료가 아니라 안정인 것 같군요. 우선 좀 조용한 곳에 가서 지친 몸과 마음을 쉬고 오는 게 어떻겠소?"

"그래, 슈미트 박사의 말대로 여행을 떠나야겠어."

<프로메테우스의 창조물>이란 발레곡을 작곡한 이듬해인 1802년 초여름이었다.

부다페스트 중앙을 흐르는 도나우강

"그래, 지금 즉시 떠나자!"

그는 제자인 리스를 데리고 빈에서 조금 떨어진 하일리겐슈타트로 요양을 떠났다.

하일리겐슈타트는 도나우강가에 자리 잡은 조그만 마을이었다. 산에는 깊은 계곡 사이로 맑은 물이 흐르고, 울창한 수목 밑으로는 오솔길이 나 있었다. 언덕은 온통 포도밭으로 짙푸른 포도덩굴이 뒤덮여 있었다.

하일리겐슈타트의 자연은 마치 어머니의 아득한 품처럼 베토벤을 따뜻하게 감싸 주었다.

베토벤은 이른 아침이면, 숲속의 오솔길을 산책하며 명

상에 잠기길 좋아했다.

그가 여느 때와 같이 제자 리스와 숲속의 오솔길을 산책하고 있을 때였다.

그때 지상 어디서도 들어 보지 못한 아름다운 새소리가 들렸다. 제자 리스는 묵묵히 걷고만 있는 베토벤에게 말했다.

"선생님, 들어보세요. 어디서 처음 듣는 새소리가 나요. 참 아름답죠?"

그러나 베토벤의 귀에는 리스의 말소리는 들렸지만, 멀리서 들려오는 작은 새소리는 전혀 들리지 않았다.

"아! 아름다운 피리 소리! 선생님, 어디선가 피리 소리가 들려와요."

"……."

그러나 이번에도 베토벤의 귀에는 피리 소리가 들리지 않았다. 그의 귀 상태는 더 악화하였을 뿐, 조금도 나아지지 않았다.

베토벤은 절망에 가까운 비명 소리를 지르며, 집 안으로 뛰어 들어왔다.

'이렇게 고통스럽게 살 바엔 차라리 죽어 버리는 게 나아. 이젠 모든 것이 끝났어.'

베토벤은 침대에 얼굴을 파묻고 절망과 고통 속에 몸부림을 쳤다. 그는 이런 절망 속에서 동생 카를과 요한 앞으로 유서를 쓰기 시작했다.

나의 사랑하는 동생 카를과 요한에게

너희들은 내가 고집쟁이라고 생각할지 모르지만 내가 이렇게밖에 될 수 없었던 이유가 있었단다.

나는 남모르게 6년 동안이나 귓병을 앓아 왔단다. 점점 악화하는 내 귀는 이제 포기 상태에 이른 것 같구나.

음악가에게 귀가 안 들린다는 것이 얼마나 무서운 형벌인지 너희들은 모를 것이다.

너무 고통스러운 나머지 나는 죽으려고도 해 봤으나, 그럴수록 음악에 대한 나의 미련을 버릴 수가 없었다.

언젠가 너희들이 이 편지를 읽게 된다면, 비참한 나를 이

해해 주기 바란다. 그리고 너희들이 나에게 저질렀던 지난날의 잘못들도 이미 오래전에 용서했단다.

 부디 내가 죽거든 나의 재산을 사이좋게 나누어 갖고, 서로 도와 가며 살기 바란다. 나는 이제 모든 것이 끝났다.

 부디 행복하게 살고 나를 잊지 말아다오.

1802년 10월 6일
루트비히 판 베토벤

 유서를 쓰고 나니, 베토벤은 태풍이 지나가고 고요가 찾아든 바다처럼 편안한 기분이 되었다.

 하일리겐슈타트에도 가을이 찾아왔다. 수확을 앞둔 농부들의 얼굴엔 활기가 넘치기 시작했다. 이런 생동적인 농촌의 분위기에 베토벤은 강한 삶의 의욕을 느꼈다.

 '그렇다. 나는 운명에 이겨야 한다. 져서는 안 된다. 귓병도 잊고, 모든 것을 잊자. 오직 음악에만 정진하자.'

 이렇게 생각한 베토벤은 오랫 동안 떠나 있었던 그리운

빈을 향하여 출발했다. 빈에 돌아온 베토벤은 딴사람이 된 듯이 생기에 차 있었다.

베토벤은 오래전부터 국민들을 위하여 싸운 나폴레옹을 훌륭한 사람으로 여기고 있었다.

오랜 세월 동안 귀족들에게 억눌려 가난하고 괴로운 생활을 해 온 프랑스 사람들의 입장에 서서, 귀족들을 쓰러뜨리고 자유를 찾기 위하여 전쟁을 이끌었던 사람이 바로 나폴레옹이었다.

그래서 자기가 살고 있던 독일이나 오스트리아가 나폴레옹의 프랑스 군대의 공격을 받고 있었는데도, 그는 이렇게 믿고 있었다.

'참아야 한다. 나폴레옹은 인간의 자유와 정의를 위하여 싸우고 있는 거야. 얼마 안 가서 새 세상이 올 거야.'

그리고 그는 결심했다.

'어려운 시련을 이기고 다시 태어난 나는 무엇보다도 먼저 영웅 나폴레옹에게 바치는 곡을 만들도록 하자.'

그래서 이제 그는 작곡에만 온 정열을 쏟아 작품을 만들

1806년 10월, 베를린에 입성하는 나폴레옹

기 시작하였다.

서른네 살이 되던 1804년 봄이었다. 제3번 <영웅> 교향곡이 완성되었다. 그리고 악보 표지에 이렇게 썼다.

'나폴레옹 보나파르트에게 바침.'

베토벤이 악보를 나폴레옹에게 보낼 기회만을 기다리고 있던 어느 날이었다.

"선생님!"

"오, 리스! 무슨 일인가?"

"선생님! 나폴레옹이 황제가 되었답니다."

"뭐라고? 황제가 되었다고?"

"그럼 그가 국민을 위해 부르짖은 자유·평등·박애도 다 거짓말이었단 말인가? 그는 다만 황제의 자리에 오르기 위해 국민을 속인 거란 말이냐? 그자도 여느 사람과 다를 바 없는 보통 인간일 뿐이었어."

베토벤의 목소리는 노여움으로 가득 차 몹시 떨리고 있었다.

"여태 난 속고 있었던 거야. 나쁜 사기꾼 같으니라고! 그런 자에게 내 곡을 줄 수는 없다."

이렇게 외치더니, 리스 앞에서 '나폴레옹 보나파르트에게 바침.'이라고 썼던 악보의 표지를 갈기갈기 찢어 버리고 말았다.

그리고 끓어오르는 분노와 배반당한 슬픔을 꾹 참으며, 새 표지 위에 '한 사람의 위대한 인간에 대한 추억을 간직하기 위해 베토벤이 작곡한 영웅 교향곡'이라고 고쳐 썼다.

그리고 곡의 내용도 조금 바꾼 후, 악보를 로브코비츠 공작에게 바쳤다. 베토벤의 유명한 제3번 <영웅> 교향곡은 이렇게 하여 탄생한 것이었다.

베토벤은 여러 종류의 음악을 수없이 작곡했으나, 오페라*(가극)만은 하나밖에 만들지 않았다. 그가 만든 유일한 가극인 <피델리오>도 사랑과 용기를 노래한 곡이었다.

그러나 인간의 사랑과 용기를 찬양하는 이 오페라가 처음 무대에 올랐을 때는 사람들의 반응이 차가웠다.

오페라 <피델리오>의 첫 무대는 실패였다.

베토벤의 생활은 점점 어려워져만 갔다.

그리고 작곡하는 일에 열중하느라 돌볼 수도 없었던 집안일로 인해 골치를 썩이고 있었다.

어느 날, 그런 베토벤에게 좋은 제안이 들어왔다. 나폴레옹 보나파르트의 동생인 베스트팔렌의 제롬 왕이 그에게 궁정 지휘자로 와 달라는 부탁이었다. 베토벤은 어려운 형

오페라(가극)

성악을 중심으로 하고 오케스트라의 반주로 진행되는 연극. 16세기 말경 이탈리아 피렌체의 귀족들이 일으킨 새로운 예술 운동인데, 페리와 리누치니에 의해 만들어진 <다프네>가 최초의 작품이라 할 수 있다. 오페라는 종합 예술의 성격을 띠고 있다.

이탈리아의 라 스칼라 오페라단이 공연한 <투란도트>

편을 생각하여 흔쾌히 받아들이기로 하였다.

그러나 이 소식을 들은 그의 귀족 친구들은 베토벤에게로 찾아와서 이런 부탁을 하였다.

"루트비히, 그냥 이곳에 머물러 주게. 자네가 떠난다면 빈의 음악 활동은 큰 타격을 받을 걸세. 국왕이 자네에게 지불하겠다던 돈은 우리들이 대신 줄 테니, 이곳에 그냥 머물러 있어 주게. 부탁이네."

"자네들이 날 위해 이렇게 세심한 배려를 하다니! 고맙네. 자네들의 부탁을 흔쾌히 받아들이겠네."

"고맙네. 루트비히!"

"생각을 바꾸다니 그게 무슨 소리요?"

"제롬 왕의 제안은 없었던 일로 해 주십시오. 저는 이대로 빈에 머물러 있겠습니다."

"이 좋은 기회를 마다하다니……."

그해 겨울 베토벤은 제5번 <운명> 교향곡과 6번 <전원> 교향곡을 연이어 발표했다.

<운명>은 격정과 감미로운 선율이 조화를 이룬 명곡이

었다.

<전원>은 베토벤이 하일리겐슈타트에 머물 때, 그곳이 주는 자연의 신비와 아름다움을 담은 곡이라 한다.

1년 뒤에는 피아노 연주곡 중에서 가장 뛰어난 작품으로 손꼽히는 피아노 협주곡 제5번 <황제>를 작곡하였다.

베토벤은 귀가 들리지 않는 고통 속에서도 왕성한 작품 활동을 계속하였다.

고전파 음악

바흐와 헨델의 시대를 지나서 베토벤이 세상을 떠나기까지의 음악을 고전파 음악이라 한다. 좁게는 하이든과 모차르트, 베토벤이 활약한 빈을 중심으로 융성하였던 음악을 가리킨다.

베토벤을 흔히 최전성기의 고전파 음악을 완성하고, 초기 낭만파 음악을 예시했던 음악가라고 한다.

베토벤은 하이든, 모차르트와 함께 고전파 음악을 이끌었다는 평가를 받는데 과연 고전파 음악이란 어떤 것을 말하는 것일까?

넓은 의미로 보면 고전파 음악도 그리스와 로마의 문학과 미술의 특질과 원리를 이상으로 하는, 단정한 형식미를 중요시하는 음악을 말한다. 그러나 음악은 소리와 시간의 예술인 만큼 문학이나 미술과는 고전주의 표현 방법이 사뭇 다르다.

고전파 음악의 특징은 우선 철저한 형식 원리의 추구를 들 수 있다. 그것은 교향곡이나 피아노 소나타 등 기악에서 볼 수 있는 서로 유기적인 악곡 통일의 원리에 있다.

　사람들은 차츰 이전 시대의 장중하고 긍정적인 분위기나 서사시적 성격, 복잡한 구성 따위를 구식으로 느끼게 되었다. 따라서 한층 더 간소한 형식, 자연스러운 감정과 표현을 즐기게 되었다. 이런 경향이 결국 고전파 음악을 탄생시키는 계기가 된 것이다.

　그리스나 로마 시대의 조각이나 건축미에는 질서 정연한 균형미가 있다.

　이와 마찬가지로 음악에도 하나하나 장면이 간소화된 명확한 윤곽을 갖고, 전체적으로는 고대 조각과 같은 통일감을 느끼게 하는 작품이 있다.

　이는 모차르트의 성숙기나 베토벤의 중기에 걸친 작품에서 찾을 수 있는데 이것이 바로 고전 음악 양식의 전형이다.

　즉 고전파 음악은 조화와 통일을 이상적인 가치로 생각했던 시대의 음악이다. 하이든의 음악에는 자연적인 것이, 모차르트의 오페라에는 인간적인 것이 함축된 음악으로 파악되었다.

　반면 베토벤의 작품에는 강인한 형식 의지와 고전주의적 이념

이 보인다. 그래서 베토벤의 음악을 고전주의 음악의 절정이라 부른다.

그러나 베토벤의 음악이 고전주의 다음에 나타난 낭만파적 형식의 자유로움을 가짐으로써 말년의 작품을 놓고, 낭만파냐 고전주의파냐는 논란이 일기도 했다.

오스트리아 수도 빈 외곽에 있는 고전주의 음악의 거장 베토벤의 묘지

하지만 슈베르트나 슈만에 있어서의 본격적인 낭만파와는 전혀 다른 개성을 보임으로써 일반적으로 베토벤을 고전주의 음악가라 부르는 것이다.

괴테와의 인연

베토벤은 어린 시절부터 브로이닝 백작 부인에게 들었던 괴테의 이름을 잊지 않고 있었다. 그러나 두 사람은 좀처럼 만날 기회가 없었다.

베토벤은 1812년 여름에는 빈을 떠나, 잠깐 동안 보헤미아의 온천장 테플리츠에서 지냈다.

의사의 지시대로 쇠약해진 몸을 쉬게 하려고 요양을 왔던 것이다.

이때 괴테도 테플리츠에 와 있었다.

그 당시 베토벤은 마흔한 살이었고, 괴테는 스무 살이나 더 나이가 많았다.

"아, 괴테 선생님! 영광입니다."

"오, 선생이 바로 그 유명한 베토벤이시구려."

"선생님을 위해서 제가 한 곡 연주해 드리겠습니다."

"당신의 연주에는 마치 타오르는 불같은 격렬함이 있소. 정말 훌륭하오."

"선생님이야말로 이 시대가 낳은 예술의 거장이십니다."

그런데 이러한 두 사람의 사이에 뜻밖의 사건이 일어났다.

어느 날, 괴테와 베토벤은 함께 산책하고 있었다.

그런데 황후를 비롯한 황족들의 행차와 마주치게 되었다. 그러자 괴테는 잡고 있던 베토벤의 손을 놓더니 길가에 서서 모자를 벗어 들었다.

그리고 그들이 지나갈 때까지 공손하게 허리를 굽혀 인사를 하는 것이었다.

한편, 베토벤은 괴테의 그러한 행동이 눈에 몹시 거슬려서 참을 수가 없었다. 그래서 베토벤은 일부러 모자를 깊숙이 푹 눌러쓰고, 두 손을 뒷짐 진 채 천연덕스럽게 그 행렬 앞으로 걸어갔다.

이 황족 일행은 유명한 음악가인 베토벤을 알아보고선 웃으면서 먼저 인사를 하였다.

행렬이 다 사라지자, 괴테는 언짢은 듯이 이렇게 말했다.

"베토벤 군, 당신의 태도는 너무도 무례하지 않소?"

괴테에게서 그 말을 듣자, 베토벤은 더 화가 나서 퉁명스럽게 대꾸하였다.

"당신 쪽이 더 우스꽝스럽군요. 비록 상대방이 황족들이라고 해도 당신은 훌륭한 예술가가 아닙니까? 당신 같은 위대한 예술가가 황족들에게 그렇게 굽신거릴 줄은 몰랐습니다. 실망이군요."

베토벤은 괴테의 태도를 보고 크게 실망하였던 것이다.

이런 일이 있고 나서부터 두 사람은 어느 쪽이 먼저라 할 것 없이 서로 사이가 서먹서먹해지더니 멀어져 버리고 말았다.

그러나 훌륭한 예술가로서 서로에게 존경을 주고받았던

사실은 말할 것도 없다.

　베토벤은 마흔 살을 넘으면서부터 귓병이 더욱 심해졌다. 귓병 외에도 여러 가지 병이 항상 그를 따라다니며 괴롭혔다. 그렇지만 베토벤은 이렇듯 질병 속에서도 실망하지 않고 훌륭한 작품들을 계속 발표했다.

　베토벤이 자신의 세계를 펼쳐 나가고 있는 동안에 세상은 눈부시게 달라져 가고 있었다.

　유럽의 모든 나라들을 정복하려고 전쟁을 일으킨 나폴레옹이 패하자, 세상도 더 좋아지는 것이 아니라 다시 옛날 시대로 되돌아갔다.

　왕이나 귀족들이 다시 권력을 손에 쥐고, 자유로운 생각을 하는 사람들을 원수처럼 여기며 심한 박해를 가했다.

　그렇기 때문에 베토벤도 그들로부터 미움을 받고 있었으므로, 그에게 작품을 부탁해 오는 사람은 아무도 없었다.

　그 당시 사람들은 베토벤의 음악처럼 마음속에서 이루어지는 내면적인 감동은 중히 여기지 않았으며, 그보다 표면적인 아름다움이나 화려한 음악을 더 좋아했다.

"루트비히!"

"오! 어서들 오게. 그런데 어째 안색들이 좋지 않군."

"젠장! 프란츠 황제의 명령으로 빈에서 쫓겨나는 신세가 되었네."

"세상이 바뀐 탓이야. 작별 인사나 하러 왔네."

"아니, 그럼 자네들마저 떠난단 말인가?"

이런 변화를 지켜보는 베토벤의 심정은 정말 안타까웠다.

'그동안 나의 곁에서 힘이 되어 주던 사람들이 하나둘 떠나는구나.'

베토벤에게는 매일 밤 귀족들의 저택에서 열리는 음악회나 무도회가 다른 세계의 일처럼 생각되었다.

베토벤의 귓병은 점점 악화하였다.

"아아, 아무 소리도 들리지 않는다! 아무 소리도 들리지 않는다고!"

그가 마흔여섯 살이 되던 1816년에는 메트로놈(박자의 속도를 측정하거나 지시하는 기구)을 발명한, 그의 친구인 멜첼이 만들어 준 보청기도 더 이상 아무런 도움이 되지 못하였다.

베토벤은 오랫동안 제대로 먹지도 못하고 작곡에만 열중한 탓인지, 쉰 살이 될 무렵에는 몸이 아주 쇠약해져 있었다.

베토벤은 여러 가지로 도움을 준 루돌프 대공이 대주교로 임명된 것을 축하하기 위한 곡을 만들기로 하였다.

'하지만, 이 곡도 대공뿐만 아니라, 세계의 모든 가톨릭 교인을 위하여 만드는 거다. 세상에 남길 만한 아주 훌륭한 곡을 만들자.'

베토벤은 이렇게 굳은 결심을 하고 작곡에 온 힘을 기울이기로 작정하였다.

마침내 4년이라는 오랜 시간의 노력 끝에 1823년에 <장엄 미사>라는 곡이 완성되었다. 미사곡이라는 것은 가톨릭 교인들이 미사드릴 때 부르는 합창곡을 말한다.

이 곡을 들으면, <운명> 교향곡에서와 같은 웅장한 느낌은 없지만, 마치 하느님 앞에서 예배를 올리고 있는 듯한 엄숙한 기분이 넘쳐흐르고 있는 듯했다.

베토벤은 <장엄 미사>에 이어 아홉 번째의 교향곡을 작곡하였다. 교향곡은 원래 오케스트라로만 연주하는 음악이었지만, 베토벤은 이 <제9번 교향곡>에서는 대합창과 오케스트라가 함께 연주하도록 만들었다.

그는 온 세상 사람들이 모두 다 사이좋게 살아야 한다는 것을 나타내고 싶었다.

이 작품을 만드는 데 온 정성을 기울이고 있던 베토벤은 문득 그가 소년이었을 때, 큰 감명을 받았던 독일의 대시인 실러의 시가 문득 떠올랐다. 그래서 그 시를 합창곡의 가사로 쓰기로 하였다.

작곡을 시작한 지 2년이 지난 1824년 2월이었다.

마침내 제9번 교향곡 <합창>이 완성되었다.

이 작품은 연주 시간이 한 시간도 넘는 곡으로, 베토벤이 만든 곡 중에서도 가장 큰 규모이며, 훌륭한 작품으로 손꼽힌다.

베토벤은 제9번 교향곡 <합창>, <장엄 미사>의 첫 연주회를 빈에서 열기로 하였다.

연주는 케른트너토어 극장의 전속 오케스트라가 맡기로

베토벤의 연인 테레제 브룬스비크 집안의 저택이었던 베토벤 박물관

되어 있었다.

대음악가인 베토벤이 오랜만에 새로운 작품을 발표한다는 소식을 듣고, 수많은 음악 애호가가 빈으로 모여들었다.

극장 안은 그의 음악을 들으려는 사람들로 꽉 들어차기 시작했다. 들어가지 못해 극장 밖에서 발을 동동 구르며 안타까워하는 사람들도 많았다.

드디어 무대의 막이 오르고 오케스트라가 등장하였다.

그런데 이상한 일이 일어났다. 무대 위에 두 사람의 지휘자가 나타났기 때문이었다. 한 사람은 베토벤이고, 또 한 사람은 극장 측 오케스트라의 전속 악장이었다.

친구들은 소리를 들을 수 없는 베토벤이 연주를 지휘한다는 것은 무리라고 말렸다.

그렇지만 베토벤은 어떠한 일이 있어도 자신이 직접 지휘해야겠다고 주장했다.

작곡가인 베토벤의 요청이니 거절할 수도 없었다. 할 수 없이 또 한 사람의 악장을 지휘자로 내세워 베토벤 곁에서 지휘하도록 하였다.

청중들은 무대 위에 나타난 두 사람의 지휘자를 이상스러운 듯 바라보았다.

드디어 기다리던 제9번 교향곡 <합창>의 연주가 시작되었다.

소리를 들을 수 없는 베토벤의 지휘는 그 음악의 가락과는 맞지 않았지만, 오케스트라의 단원들은 또 다른 지휘자의 지휘에 잘 맞추어 열심히 연주해 나갔다.

극장 안에 가득 찬 청중들은 시간이 흐름에 따라 베토벤이 온 정열을 다해서 만든 이 곡에 깊이 빠져들게 되었다.

베토벤은 오케스트라를 향해 마치 미친 사람처럼 정신없

이 지휘봉을 휘둘렀다. 하지만 베토벤의 귀에는 오케스트라의 연주 소리는 한 곡절도 들리지 않았다.

연주가 끝나자, 극장 안이 떠나갈 듯한 우렁찬 박수 소리가 터져 나왔다.

"바흐도 하이든도 모차르트도 이같이 뛰어난 음악을 만들지 못하였다!"

"이 곡은 인간의 영혼을 뒤흔드는 천국의 음악이다!"

극장 안은 완전히 박수 소리와 환호성의 도가니에 휩싸였다.

이를 보다 못한 합창단의 한 여가수가 급히 베토벤 곁으로 뛰어왔다.

"선생님, 관중석을 돌아보세요!"

여가수는 나직이 속삭이며, 베토벤의 팔을 부축하여 관중석 쪽으로 돌아서게 하였다.

"베토벤 만세! 베토벤 만세!"

만세 소리와 박수 소리가 또다시 터져 나왔다.

베토벤은 그제야 비로소 사람들이 이번 연주에 얼마나

감동하고 있는가를 느낄 수가 있었다.

　사람들의 소리는 들을 수 없었지만, 흥분된 모습으로 흔들어 대는 손이나 흐르는 눈물을 손수건으로 닦는 모습을 보고 그는 알 수 있었다.

　'나는 이 곡에 나의 모든 정열을 쏟았다. 이제 나의 일도 끝났다……'

　베토벤의 눈에서는 어느새 뜨거운 눈물이 주르르 흘러내리고 있었다.

　베토벤의 귀는 점점 더 들리지 않게 되더니 끝내 낫지를 않았다. 어느 날, 동생 카를은 외아들을 남겨 놓은 채 그의 어머니처럼 폐결핵으로 죽고 말았다.

　카를은 눈을 감으면서, 베토벤에게 부탁했다.

　"형님! 부탁합니다. 제가 죽고 나면 형이 나 대신 아들 카를을 잘 키워 주세요."

　그러나 카를을 키운다는 건 베토벤의 뜻대로 되지 않았다.

　카를은 못된 아이들과 어울려 학교도 가지 않고 맨날 말썽만 부렸다.

대학에 다니면서도 공부는 뒷전이고, 술과 도박으로 세월을 보냈다.

그러던 어느 날이었다.

"군대에 가겠습니다."

"안 돼!"

결국 카를은 권총 자살을 시도했다.

급히 연락을 받은 베토벤이 달려가 보니 카를은 상처를 입고 피를 흘리고 있었다. 다행히 생명에는 지장이 없었다.

그 당시 자살 행위는 법률에 위배되는 일이었다. 그래서 카를은 오스트리아에서 추방당하는 위기에 처하였다.

베토벤은 오랜 친구이자 궁정 고문관으로 있는 스테판 브로이닝을 찾아가서 도움을 청했다.

"베토벤, 카를이 그렇게 군대에 가길 원한다면 본인의 의사대로 하게 내버려 주게. 이제 그 애는 더 이상 어린애가 아니라고, 자네가 언제까지 그의 뒷바라지 노릇을 할 수는 없지 않은가?"

베토벤은 카를이 석방되자, 군대에 가기 전까지 동생 요한의 집에 보내기로 하였다.

　1826년 가을 어느 날, 베토벤은 지친 몸을 이끌고 오랜만에 동생 요한의 집을 찾아갔다. 동생 요한은 처음에는 무척 반겼으나 두서너 달이 지나자 몹시 푸대접하기 시작하였다.

　그의 아내는 아예 베토벤을 거들떠보려고도 하지 않았다.

　지독한 구두쇠였던 요한은 추운 겨울이었는데도 장작불조차 제대로 지펴 주지 않는 등 베토벤에게 쌀쌀맞게 대했다.

　베토벤은 이런 분위기에도 아랑곳하지 않고, 이곳에서 그의 최후의 작품이 될 <현악 4중주곡 바장조>를 완성하였다.

　그러던 어느 날, 드디어 일이 벌어지고 말았다. 요한의 아내가 카를의 식사대를 계산한 쪽지를 베토벤에게 내밀었다.

　베토벤은 화가 치밀어 자리를 박차고 일어났다.

　"이런 꼴이 될 줄 알았더라면 차라리 오지 않았을 텐데……. 카를, 당장 돌아가자! 빈으로 가자꾸나."

너덜너덜한 코트에 해진 바지, 낡은 구두……. 베토벤은 그런 차림새로 흔들거리는 마차에서 꾸벅꾸벅 조는 늙고 초라한 모습을 하고 있었다.

며칠이 걸려 빈의 집으로 돌아온 베토벤은 몸져누워 버렸다. 병든 몸으로 춥고 긴 여행을 한 탓에 그만 병이 더욱 깊어졌다.

그는 침대에 누운 채, 쉰여섯 살의 생일을 맞이해야만 하였다. 그리고 네 번이나 복부 수술을 받았는데도 병세는 나날이 악화하기만 했다.

3월의 어느 날이었다.

평소 베토벤을 존경하던 음악가인 슈베르트가 문병을 왔다. 침대 위에 누운 채, 슈베르트가 내민 악보를 들여다본 베토벤이 말문을 열었다.

"나는 요즘 자네의 가곡 책만 보고 있는데 크게 감동하였네. 참 훌륭한 작품들이야, 우리가 좀 더 일찍 만났더라면 좋았을 텐데……."

베토벤은 뼈만 앙상하게 남은 손을 들어 슈베르트의 손

을 꼭 잡았다. 베토벤은 슈베르트를 만난 것을 마지막으로 그다음 날부터는 아무도 만나지 않았다.

그리고 그의 친구인 브로이닝 앞에서 조금밖에 남지 않은 자신의 전 재산을 군대에 가 있는 조카 카를에게 주겠다는 유언장을 작성했다.

3월 26일이었다. 이날은 폭풍이 거세게 불었다. 전날부터 베토벤은 계속 깊은 잠에 빠져 있었다.

점심때쯤 되니 갑자기 하늘이 어두컴컴해지더니 번개가 번쩍이고, 천둥소리가 요란하게 들려왔다. 온갖 고통과 싸우면서 위대하게 살아온 베토벤의 괴로움을 마치 하늘도 알고 있는 것처럼 보였다.

카를의 친어머니인 요한나와 다른 한 친구가 떠나지 않고 베토벤의 곁을 지키고 있었다.

친구인 브로이닝과 제자 신들러는 베토벤의 죽음을 예감했는지 그의 묘지를 준비하기 위해 밖으로 나가고 없었다.

번갯불이 번쩍이는 순간, 잠들어 있던 베토벤은 별안간 왼손을 높이 쳐들고 무슨 말인가를 외치는 듯하더니, 푹 들어간 눈으로 천장을 노려봤다. 한순간의 일이었다.

그리고 거목이 쓰러지듯 힘없이 침대로 쓰러져 조용히 눈을 감았다. 그러고 나서 다시는 눈을 뜨지 않았다. 창문 밖에서는 또 한 번의 천둥소리가 요란하게 울렸다.

1827년 3월 26일, 이렇게 베토벤은 쉰일곱 살을 일기로 세상을 떠난 것이다.

베토벤의 작은 책상 서랍 깊숙이에는 그의 유품들이 남아 있었다. 유언장과 할아버지와 테레제의 초상화 두 장, 그리고 '불멸의 연인!'이라고 쓰인 몇 통의 사랑 편지가 들어 있었다.

29일, 장례식에는 베토벤의 죽음을 슬퍼하는 수만 명의 사람들이 모여 그의 죽음을 애도했다. 유해를 운반하는 사람들 가운데는 슈베르트도 끼어 있었다.

베토벤을 무척이나 존경했던 슈베르트도 그 이듬해에 서른한 살의 젊은 나이로 세상을 떠나 베토벤의 곁에 묻혔다.

그 뒤 베토벤의 유해는 오스트리아의 빈에 있는 중앙 묘지로 옮겨져, 현재 이곳에 조용히 잠들어 있으며 오른편에

슈베르트의 묘지가 있다.

베토벤의 음악을 듣고 있으면 아름답고도 즐거움 이상의 강인한 힘을 느낄 수 있다.

이는 베토벤 자신이 끝없는 괴로움과 슬픔을 이겨 내고, 운명의 문을 두드리는 힘찬 의지의 삶을 혼신을 다해 음악으로 승화시켰기 때문일 것이다.

머리칼을 흩뜨리며 지휘봉을 힘차게 휘두르던 베토벤의 열정적인 모습도 이젠 아무 데서도 찾아볼 수 없다.

그러나 험난하고 괴로운 삶을 헤치며 살아온 강인한 정신은 그의 음악과 함께 모든 사람의 마음속에 영원히 울려 퍼질 것이다.

베토벤의 생애

　루트비히 판 베토벤은 1770년 독일의 본에서 궁정 가수의 아들로 태어났다.
　어려서부터 아버지에게서 피아노를 배웠으며 7세 때 쾰른의 첫 공개 연주회에서 피아노 협주곡을 연주하였다.
　일생 고전파 음악 양식을 최고 수준으로 이끌었고, 초기 낭만파 음악을 개척하는 업적을 남겼다.

루트비히 판 베토벤
(Ludwig van Beethoven 1770~1827)

1770년
12월 17일, 독일의 본에서 태어났다. 그의 조부는 궁정의 악장이었고, 아버지도 궁정 가수로 음악가 집안을 이루었다.

1778년
어렸을 때부터 아버지에게서 피아노를 배웠는데 공개 연주회에서 피아노 협주곡을 연주하여 풍부한 재능을 보여 주었다.

1783년
궁정의 오르간 대리 연주자가 되었다. 베토벤에게 결정적인 영향을 주었던 네페가 출타할 땐 그를 대신해서 오르간을 연주하는가 하면 본격적인 창작 활동을 시작하였다.

1788년
발트슈타인 백작을 알게 되어 그의 후원을 받고 작품 활동을 하게 된다. 또 브로이닝 집안의 딸 엘레오노라와 사귀게 되어 베토벤의 첫사랑이 싹튼다. 이듬해인 1789년에는 본 대학에 입학하고 실러, 괴테의 사상에 관심을 가지게 된다.

1792년
하이든이 본을 방문하는 것을 계기로 빈으로 건너가 그의 제자가 되고 하이든에게 작곡을 배운다. 이때 아버지 요한이 죽었다.

1800년
자신의 첫 연주회를 개최하여 피아노 협주곡 제1번과 7중주곡, 교향곡 제1번을 연주했다. 다음 해에는 사랑에 빠져 피아노 소나타 <월광>을 작곡하였다.

1804년
나폴레옹을 존경해 교향곡 제3번 <영웅>을 작곡하였으나 나폴레옹이 스스로 황제가 되었다는 소식에 화가 나서 악곡 표지를 찢어 버렸다. 이때 백작의 미망인인 요제피네와 사랑에 빠진다. 1805년 에는 오페라 <피델리오>를 처음으로 공연하였고, 피아노 소나타 <열정>을 작곡하였다.

1808년
궁정으로부터 악장으로 초빙되어 궁정 음악가가 되었다. 또한 교향곡 제5번 <운명>과 교향곡 제6번 <전원>, <합창 환상곡>을 연주하였다.

1818년
청각을 거의 상실하고 말도 자유롭게 할 수 없게 되었다. 그러나 필담에 의해 피아노 소나타 <하머클라비어>를 비롯한 걸작품을 작곡했다.

1827년
3월 26일 감기와 폐렴으로 세상을 떠났다.